知識ゼロでもお金が勝手に増えていく

「不労所得」生活

矢久仁史

text by Hitoshi Yaku

彩図社

はじめに

「心のゆとりはお金が作る」

こんなことというと昔は下品だなんていわれましたが、この本の読者のみなさんなら理解できると思います。

財布の中やスマホの中に交通費程度しか残りがなかったら、行動の範囲も狭くなりますが、いつも数万円のゆとりがあれば、少しの贅沢も可能になります。

今回のテーマである「**不労所得**」は、仕事をやめて自由時間を手にする「FIRE《ファイア》」とは違います。ただ、その入口になる可能性はありますが。

FIREをするにはまとまった資産を築き上げる必要がありますが、その資産を作るには時間や勉強、努力が不可欠です。

しかし、そこまで積み上げられる方は、それほど多くはありません。実際にこれだけ「投資しましょう」「新NISA、iDeCo」「老後2000万円問題」とさわがれ、お金のことが生活の話題にのぼることが多くなっても、あなたの周りに**「FIREした」**とか、**「投資で大成功した」といった友人知人はほとんどいない**と思います。

私の推奨する「不労所得」とは、**毎月数万円でも懐《ふところ》がうるおうこと**を指しています。

数千万円、数億円の資産作りや、年間1000万円、1000万円の給与以外の収入を作ることを目標とするのではなく、最初は**お小遣い程度のお金を手にする**テクニックを身につけることを目指します。

そのお小遣い程度のプラスが、**心のゆとりを作っていく**と信じているからです。

私は今でも働いています。仕事の量は減らして、給料は落としてもらい、そのかわり自分の時間を作って好きな旅行を妻としています。

会社員でありながら、1年間のうち海外は60日間、国内も40日間程度複数回出かけており、自宅には100日間以上いない生活をしています。

それができているのは、**投資する姿勢を続けてきたから**です。投資という舞台は、**無理なく続けていくと、時間がその見返りを提供**してくれます。

「無理なく」というのは投資継続のための必要な条件で、この「無理なく」やっていくことで自分のやりやすい投資手法がみつかり、不労所得への道が築き上げられていきます。

あなたにとって無理のない投資はどのようなものでしょうか？　毎月5000円でしょうか？　ボーナス時の10万円でしょうか？

私は**その金額はいくらでもかまわない**と思います。無理のない金額というのが、投資を継続させるための一歩ですから。

毎月1万円なら、人気のeMAXIS Slim全世界株式やS&P500関連の投資信託、ウェルスナビ、さわかみファンドのような**積立投資**もいいですし、そこまでの金額を出せないのであれば、3～4か月で貯めたお金でNTT株を100株、年に数回買って**株を貯めていく**のもいいです。最初は、積立投資では不労所得にはなりませんが、運用資産ができあがってきますから、そこだけは頑張っていきましょう。

2023年から大手ネット証券が、**株式の売買手数料をゼロ円**にしました。30年以上株式投資をしてきた私には驚きしかありません。私はどうやってその証券会社は利益を出すんだろうと余計なことを考えてしまいますが、利用者にとっては天国のようなことです。だって、「おいしいものがありますから食べにきてください。交通費はどんな遠方の方でも往復お店が負担しますので」といってくれているようなもので、昔は数千、数万円もかかった株式売買手数料がゼロ円ですから、**試しに株を買ってみようと行動を起こすきっかけになる**ことは間違いありません。

私には2人の息子がおり、現在2人とも社会人としてバリバリ働いております。この2人の息子に株式投資を教えたのが大学2年、高校2年の時でした。その内容は『株で3億稼いだサラリーマンが息子に教えた投資術』（双葉社）という本に実話をもとにして執筆しております。重版を重ねたので、少しは投資にご興味を持った方の役に立ったかもしれません。

2人の息子に株式投資を教えた理由は、まさに「不労所得」です。冒頭に述べました「心のゆとりはお金が作る」を感じてほしかったからです。

2人とも上場企業の会社員なので、そこそこの給与はいただいても、それが毎年50％アップ、毎月のお小遣いが2倍にとはいきません。しかし、投資手法を知識として持っていれば、可能性は高くなりますから、その入口だけを教えたのです。

「**銀行預金では家は建たない**」

という方がいますが、もっともだと思います。

日本人は戦後復興のために、政府主導で預金を推奨されてきましたが、預金では不労所得は手にできません。

２０２３年９月の日本経済新聞の「経済白書で読む所得増への道」という記事の見出しが、「株保有で月３・５万円消費増」「『貯蓄から投資』で好循環」というものでした。貯蓄から投資へと動けば、使うお金の額も上がっていくというものです。毎月の消費支出は、株を持っている世帯の方が多く、50歳以上だと**約３・５万円も差が出ている**という結果でした。

34歳以下で約９０００円、35～49歳で約２万円、50～64歳で３万８０００円、65歳以上で約３万５０００円の差が、株を持っている方と持っていない方の消費金額の差となっています。これは毎月の統計なので、この数字はこの本をお読みになって不労所得を手にしたいと思っている方の目標額としてもいいかもしれません。

日本人の**家計の金融資産は約２０００兆円**といわれていますが、そのうちの**約半分である１０００兆円は現預金**とのことです。

すべての現預金を投資に回しましょうとはいいませんが、その一部を投資に回し、不労所得を手にすることができれば、日本人の消費も変化することは間違いありません。

貯金は心のゆとりを作る上で大切な習慣だと私は思います。現に、投資家の私でさえ、**現金は投資額と同額程度いつもキープ**しています。それは、大暴落が起きたときに買い出動するための準備でもあり、投資がすべてダメになったとしても、しっかり生きていけるような保険でもあります。ただ、ほとんど利息のつかない貯金として、**すべて現金で置いておくのは問題外**だと思います。

ではなぜ日本にはこんなに現預金が多いのでしょうか？

それは、投資の成功者がまわりにいないため、**指針になる人、教えてくれる人が存在しないから**だと私は思います。

また、営業成績を上げようとやっきになっている証券営業マンのおすすめにのったり、投資雑誌の強いキャッチコピーにつられて買った株での損や、とにかく投資信託をすすめる証券会社、銀行のうまい話にやられた経験が、「投資＝損する」というイメージを作ってしまい、多くの方が投資を敬遠するようになったと思われます。

ただ、これからの日本での投資は大きく変化していくと私は思います。

経済統計を見ていると、若年層の変化には目覚ましいものがあります。「投資＝損する」というイメージを持っている「貯金がすべて世代」とは違って、**「貯金よりは投資優先」と考える若い人**が多くなっています。

日本経済新聞の２０２３年6月の記事には「総務省の家計調査を基に分析すると、世帯主が39歳以下の家計が持つ株や投信など有価証券の額は２０２２年に平均１０５万円と、10年前の3・5倍に増えた。この2年は前年比で4割前後の伸びを示している」といったものでした。このスピードは、2024年から始まった新NISAなどの税金優遇制度で加速していると、日経平均の上昇を見て誰もが感じているはずです。

また、若年層の投資先で注目されているのが、人工知能（AI）を使った**ロボットアドバイザー（ロボアド）事業**で、ロボアドの市場規模の拡大スピードはものすごい勢いです。

読者のみなさんならネットやテレビの広告でみかけるウェルスナビはご存知かと思います。私もそこで積立をしてますし、投資初心者の方にはここをおすすめしています。

ロボアド大手の預り資産残高は、23年3月時点で約1兆1000億円となり、**5年間で9倍に増えた**そうです。

ロボアドにまかせるこのような投資に多く賛同しているのが、若年層です。**ドルコスト平均法で定額を積立てていき、複利で資産を増やしていく**手法が主ですが、利益が出たら、その額だけ出金して使うことも可能です。運用手数料が高いから損だという投資家もいますが、専門的知識がほとんどない方は、手数料を支払うことで知らない知識、情報をおぎなうのですから、それはどんどん活用するべきだと思っています。また若い人たちだけではなく、働きざかりの世代の方や定年をむかえた方でも、貯金の一部を預けていくのはいい方法だと私は思います。

「心のゆとりはお金が作る」

お金の話は下品ではありません。

不労所得を手にしてゆとりある生活へとコマを進めることができたら、あなたを指針にする身内の方が生まれるかもしれません。どうか、多くの人の目標になってあげてください。

矢久仁史

本書は投資手法の一部を紹介したものです。売買に関する決定は、ご自身の責任において行われますようお願いいたします。投資におけるいかなる損失、結果についても、当社及び著者は一切の責任を負いませんのであらかじめご了承ください。

本文の株価、率等の数字は、2023年11月～2024年1月のデータです。参考データにつき、明確な日付は省略しております。

知識ゼロでもお金が勝手に増えていく
「不労所得」生活
目次

はじめに……2

序章　給与以外の収入を毎月手にする……15

若者は『貯蓄』より『投資傾向』に……18
若者の投資先第1位は「米国株」……22
会社からの解放って「ステキすぎる」……24
不労所得と話題の「FIRE」、何が違うの？……26
「ほったらかし投資」って本当にうまくいくの？……28
毎月毎年、給与以外の収入を手にする……30
【コラム①】数時間後に資産倍増！……32

第一章　少しずつ増やしていこう「不労所得」……33

「不労所得」の仕組みと種類……36
「不労所得」のメリットとデメリット……38
狙うのは「高配当・高分配金」の商品たち……42
利息を生む「債券」を対象から外す理由……44
毎月の小遣い＋５０００円の不労所得を目指す……46

目標があれば種銭は作れる……48
【コラム②】日本脱出で資産を作る！……50

第二章 「高配当株」のこと、知りたいです！……51

そもそも、「配当」って何？……54
「高配当株」はなぜ高い配当を出せる？……56
高配当株はどこで買えるの？……58
どうやって「高配当」の銘柄を探すの？……60
配当性向が高い企業を選ぶ……62
株価1000円以下の各月の高配当銘柄紹介……64
「高配当」「連続増配」の米国株紹介……68
「権利確定日」に注意……72
高配当株選択時の失敗……74
株には買い時と売り時がある……78
チャートの簡単な買いシグナルはお得な情報……80
証券口座は懐に優しい0円手数料証券会社で！……86
【コラム③】お金を節約することは不労所得と同じ……88

第三章 「投信（投資信託）」も学びましょう……89

「投信」って何ですか？……92
「投信」ってどこで買えるの？……94
「投信」の仕組みをわかりやすく教えて……96
「投信」のメリットとデメリット……98
タコの足食いのような投信はNGです……100
「基準価額」って何？……102
「投信」の利益は「分配金」と「譲渡益」……104
「ノーロード」ってなんですか？……106
ロボアドバイザーとは何ですか？……108
【コラム④】一生涯年間計画……110

第四章 ポートフォリオの組み立て＆失敗しないために……111

改めて知る「分散投資」の効用……114
まずは「リスク許容度」を確認しよう……118
必要なのは価格の上下に一喜一憂しないこと……120
生活資金は投資に回してはアウト！……122

不労所得において「時間」は「武器」になる……124
定期に一定額を積み立てる「ドルコスト平均法」……126
バフェット氏の投資手法をのぞく……130
まとまった収入が入ったら迷わず買い！……132
退職金や相続などで大金を手にしたら？……134
「iDeCo（個人型確定拠出年金）」も活用……136
NISAを100％使う……138
2024年からの非課税枠は大幅拡充……142
米国の株式投資における税金と為替……146
株主優待は生活費を少しだけ潤わせてくれる……148
【コラム⑤】YouTubeの投資番組……150

第五章　応用編「ETF」と「リート」にも挑戦しよう……151

「ETF」は「投信」とどう違うのですか……154
「ETF」もリアルタイムで売買可能……156
日本の高配当ETFと米国高配当ETF……158
ETFはどこでどうすれば買えるの？……162
ETFは毎年分配金が出るものを購入……164

「リート」って何？ 166
「リート」も株やETFと同じように売買可能 168
高配当リートの紹介 170
毎月分配金をもらえる仕組み作りの注意 172
【コラム⑥】大好きな邱永漢 174

第六章　夢の「FIRE」が最終目標 175

そもそも「FIRE」ってなんですか？ 178
「FIRE」にも種類がある！ 180
「コーストFIRE」こそが現実的な選択 182
「目指そう！　4％での運用」でいいですか？ 184
何歳までにFIREしたいのか決める 186
家族で意識を共有し、具体的かつ柔軟な計画を 188

おわりに 190

序章 給与以外の収入を毎月手にする

Prologue 今からでも遅くはない!!

先日アメリカで働いていた友人が帰国したのよ。羽振りがよくてビックリよ!

あっちで成功したんだ?

違うわよ。普通のサラリーマンよ。
でもね貯金せずに投資してたんだって

ああ、アメリカ人は貯金よりも投資だもんね。
でも何かあったら怖くない?

私も投資なんて怖いと思ったけど、その友人の話をきいてたら日本人は世界から取り残されているように感じたの

なんで?

だって、海外旅行なんて一生行けない
くらいみんな懐具合がよくないじゃない?
日本人は貧乏になってるのよ、絶対!
じゃあどうするの?
新NISAで税金が0円になるって
いうじゃない。だから「投資」よ!
実は私もそう思ってたんだ
じゃあ一緒にやりましょうよ!
やろう! やろう!
お小遣いを増やしてハワイに行こう!!

【序章　給与以外の収入を毎月手にする】

若者は『貯蓄』より『投資傾向』に

２０２０年以降、新型コロナウイルスのパンデミック、誰も予想しなかったロシアのウクライナ侵攻など、驚天動地の事件が発生し、世界中の人々を震撼させました。

コロナショック以前から、**ＮＩＳＡ（少額投資非課税制度）、iDeCo（個人型確定拠出年金）**などの制度の浸透に伴って、投資の世界に参入してくるニューカマーたちが増え始めました。「年金破綻」とか、「老後は２０００万円必要」など、将来への「漠然とした不安感」が、この現象を生み出しているものと推測されます。とりわけ、20代、30代の若年層の増え幅が大きく、金融市場における若者たちの存在感が際立っています。

２０１４年１月に一般ＮＩＳＡ（少額投資非課税制度）がスタート。少しずつ、20代、30代の若年層が増え始め、２０２１年に過去最高の口座開設数を記録しています。

２０１８年１月には、積み立て専用の「つみたてＮＩＳＡ」がスタート。

「一般ＮＩＳＡ」の場合、非課税枠上限は、年間１２０万円。

一方、「つみたてＮＩＳＡ」は、非課税上限枠が年間40万円、非課税期間は20年間という長期に設定されていました。

そして、20代、30代の新規ＮＩＳＡ口座開設の内訳を見てみると、大多数が「つみたてＮＩＳＡ」を選択していることがわかります。

若者たちが「投資」に関心を持ったきっかけは、「自分たちの世代は、年金をもらえないかもしれない」とか、「老後資金もなく、長生きし過ぎたらどうしよう」などといった将来への不安という要素が大きいかもしれません。

ですが、それ以外にも、**「定期的な副収入が欲しい」**「金融の知識を深め、スキルを向上させたい」「まとまったお金の運用方法を知りたい」「レジャー資金を手にしたい」「結婚・子育て・マイカー、マイホームの購入など、**主だったライフイベントの資金を確保したい**」などなど、様々な動機があると思います。

人生の三大資金とは、「**教育資金**」「**マイホーム資金**」「**老後資金**」だといわれています。

「投資」はできるだけ早いタイミングでスタートすることが、とても大切です。

「僕はまだ、20代だから、別に投資なんてやらなくても、普通に貯金でいいのでは？」

こういう若者もいると思います。

いわゆる「バブル経済」の時代（1980年代後半から90年にかけて）、銀行の定期預金の利率は概ね、**3%から6%で推移**していました。1億円を銀行に預けて、年率6%の年利で運用できれば、利息は税引き前で600万円です。

まさに、**「利息で食べていける」時代**であったわけです。

しかしながら、2000年代に入ると、定期預金の場合、**年利0・01%**となっています。

「利息なんて付かなくても、着実にお金を貯めていけばいいんじゃないの？」

どっこい、そうはいきません。**「インフレリスク」**というものがあるからです。

現在、生活用品、食品、電気代など様々なものが値上がりしています。**昨年1000円で買えたものが、今年は1200円になる**ことは不思議ではなくなりました。そのようなお金の価値が相対的に低落することを「インフレリスク」といいます。

普通預金にお金を預けても、お金の価値が下がるようなこんなインフレの時代に対応するためには、**「投資」**という活動によって、インフレ率をカバーできるように、自分が保有している金融商品の価値を上昇させたり、不労所得を手にする方法を模索する必要があるのです。

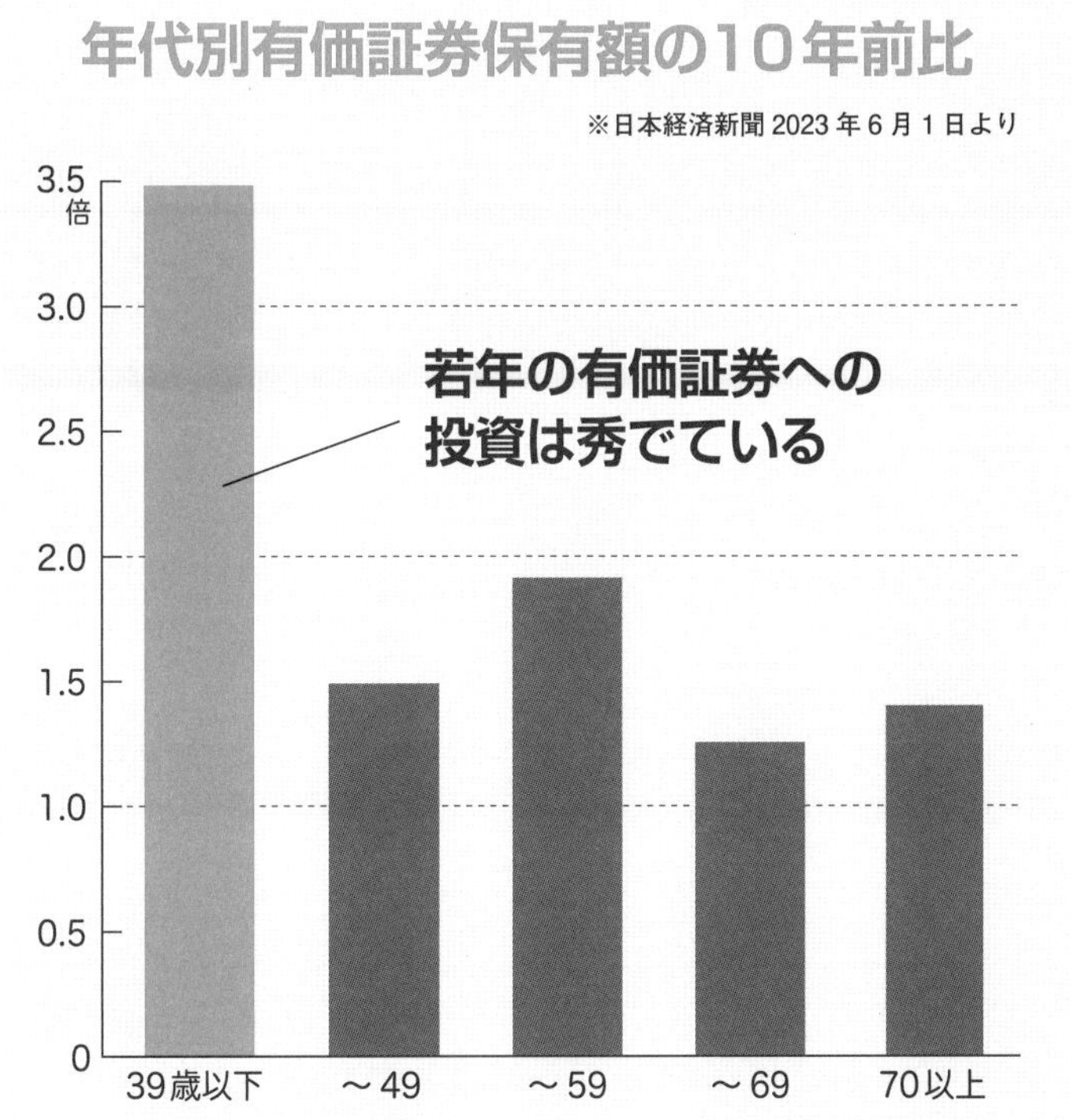

（注）２人以上世帯の世帯主年齢別、39歳以下は加重平均。有価証券は株式・投資信託など。家計調査から作成

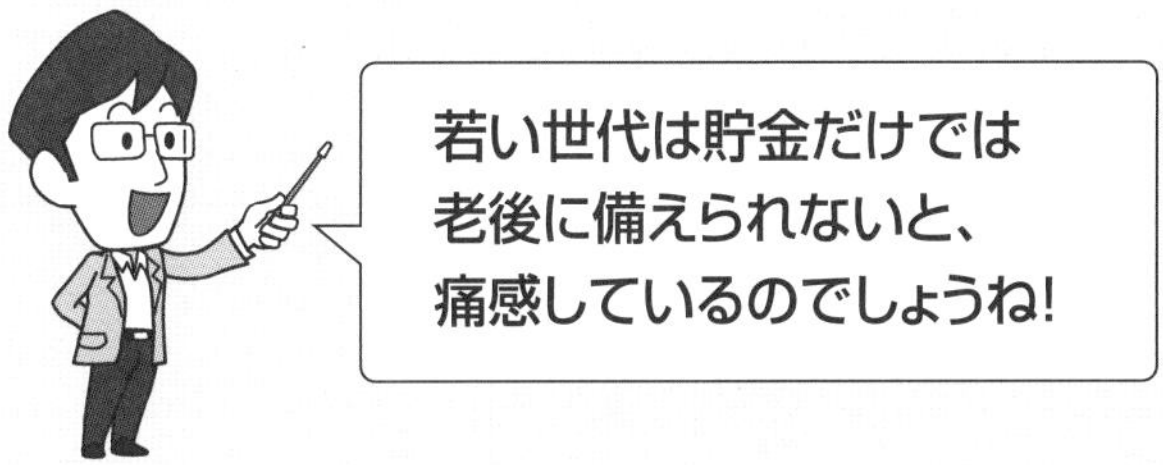

【序章　給与以外の収入を毎月手にする】

若者の投資先第1位は「米国株」

米国株式市場とは、「**ニューヨーク証券取引所（NYSE）**」と「**ナスダック（NASDAQ）**」を意味しています。「ニューヨーク証券取引所」は、英国の「ロンドン証券取引所（LSE）」に次いで、世界で2番目に古い証券取引所です。米国内の優良な大企業をはじめ、**世界の名だたるグローバル企業**が名を連ねています。

一方、「ナスダック」は1971年に設立された**ハイテク、インターネット関連の新興企業向けの株式市場**です。若くて成長力のあるIT企業が多く、GAFA、すなわち、Google、Apple、Facebook（現メタ・プラットフォームズ）、Amazonといった、誰もが知っているハイテク企業は、「ニューヨーク証券取引所」ではなく、ナスダックの方に上場しています。

米国株式市場における代表的な株価指数は、以下の三つです。

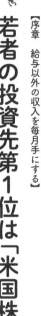

ETFや投資信託でよく取り扱われる米国S&P500の4年間の推移

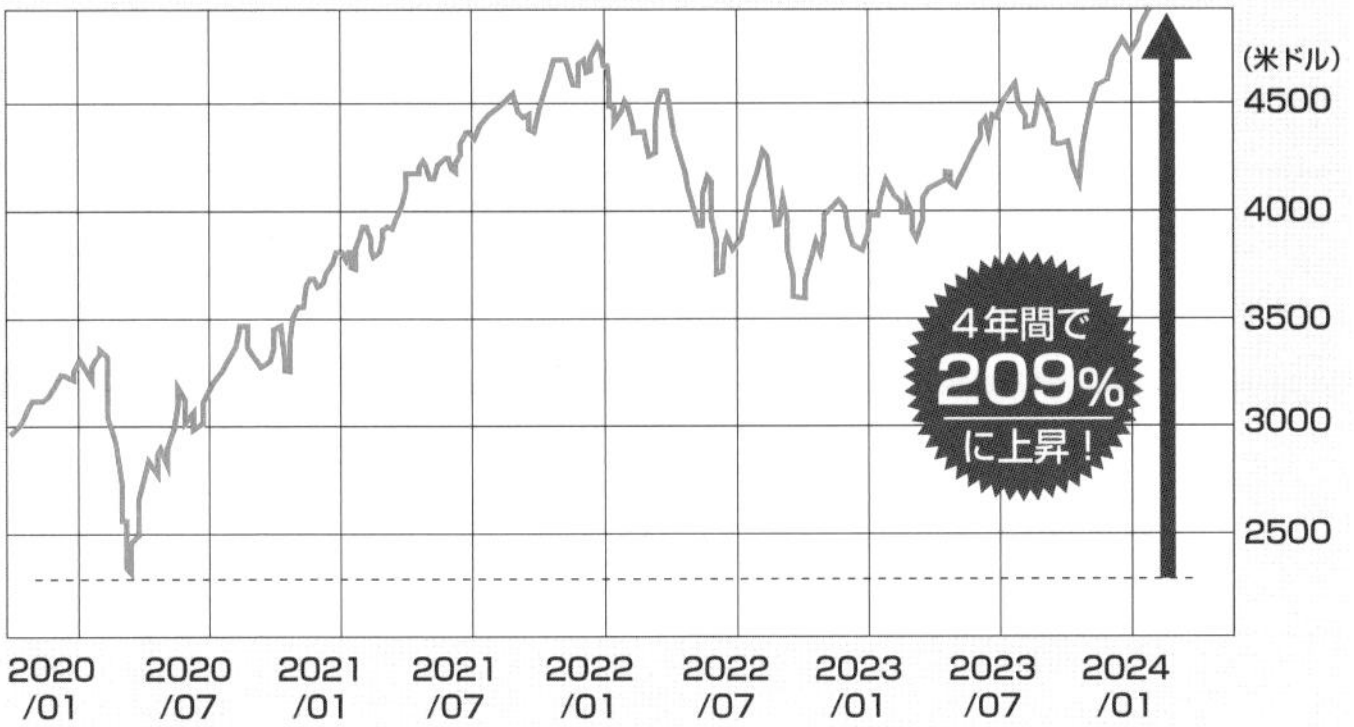

①「NYダウ」

正式名称は「**ダウ工業株30種平均**」。「ダウ」とは、「ウォールストリートジャーナル」を発行する出版社、通信社のことです。アメリカを代表する大企業、30銘柄で構成されています。

②「ナスダック総合指数」

ナスダックに上場するすべての銘柄を対象として、時価総額上位100銘柄を加重平均した指数。「**ナスダック100**」と呼ばれます。

③「S&P500」

「S&P500」はNY証券取引所とナスダックの上場企業から500銘柄をピックアップした指数。**市場の全体像を把握**するのに用いられます。

【序章　給与以外の収入を毎月手にする】

会社からの解放って「ステキすぎる」

「**会社からの解放**」といっても、仕事を辞めるという意味だけではありません。

それは、自分にストレスがかかるのなら仕事を辞める自由を持つことや、転職の自由を持つことの他に、通勤時間がかかるけど給料がいい会社に命を削って行かなくていい自由や、昇給のために突き進まなければならない時間をすてる自由のことです。

そのために必要なことのひとつに、「**お金**」があります。

自由になる余裕資金があれば、人生の選択肢は確実に広がります。

ガムシャラに節約して貯金していったとしても、それだけでは会社からの解放は難しく、そこにプラスして**「投資」する力を身につけて、「不労所得を手にできるようになる**ことが必要です。

上場企業の2024年3月の※**配当総額は約16兆円**と、過去最高となる見通しだと日本経済新聞の一面を飾っていました。**今期の家計には3兆円の収入になる**ということです。

株式投資を少しでもやっている方ならおわかりでしょうが、配当金のお知らせはとても嬉しいですし、まとまった金額の報告があれば、何に使おうかと考えてしまいます。

配当や分配金、いわゆる不労所得がまとまって入ってくれば、会社での仕事に対しての気持ちも変わってくると思います。

日本経済新聞の記事によりますと、上場企業の株式は、その約2割は個人が所有しており、家計に入る約3兆円は、**GDPの約0・5%に当たる**そうです。

上場企業の14%に当たる**約330社が配当予想を引き上げ**てますが、業績の上昇はもちろんその理由なのですが、東京証券取引所から株価純資産倍率（PBRともいわれる。株価を1株あたりの純資産で割ったもの。1倍を割るとその企業の株価は安すぎると判断される）の1倍割れを解消するように求められていることも理由のひとつです。

今回の配当金アップのように不労所得が多くなることで、心の余裕が生まれ、少しだけではありますが「会社からの解放」を感じることができると思います。

※**配当**…株主に対し、株式数に応じて分配される企業の利益。ただ、利益が出ていても配当を出さない企業もある。

【序章　給与以外の収入を毎月手にする】

不労所得と話題の「FIRE」、何が違うの？

「不労所得」とは、その名の通り、**労働することなく、お金をゲットする**ことです。

こういうと必ず、「働きもせず、金銭を得るなど怠《なま》け者の考え方だ」

こんな反応が返ってきそうですね。でも、人間とは弱いもの。病気やケガで働けなくなったら、どうなるでしょう？

今は超低金利の時代。銀行の普通預金の金利は、**0・001％**です。普通口座に1000万円を預けても、もらえる利息は何と、100円（税引き前）。

労働の対価としての「労働所得」の他、**お金に働いてもらう「不労所得」**という、もうひとつの所得があれば、とても安心できると思いませんか。

病気やケガをして働けなくなって収入がなくなったり、多額の入院費用がかかった。うまい具合に転職できず、無収入期間や減収入期間の生活が大変になった。

「FIREしたいと思うか?」という意識調査

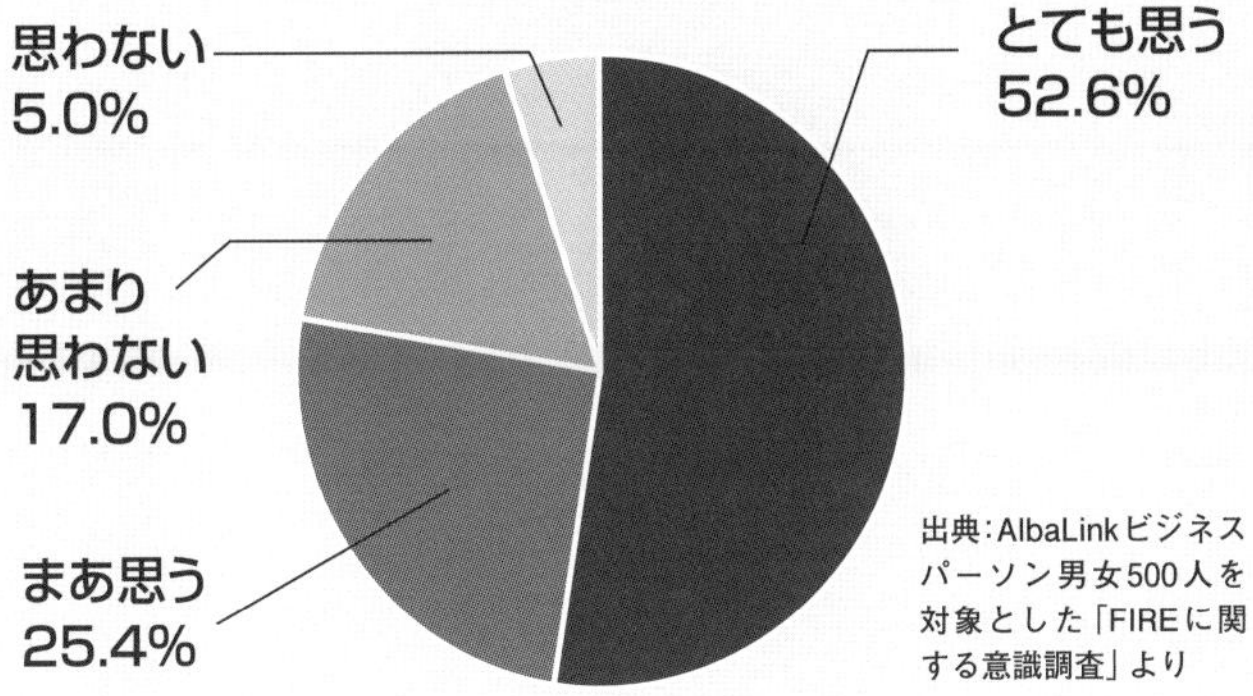

出典：AlbaLinkビジネスパーソン男女500人を対象とした「FIREに関する意識調査」より

こんな苦しい事態にならないように、もうひとつの収入の道を確保しておくことは、**人生の保険としてもとても大切なこと**だと思います。

単なる不労所得だけでなく、「FIRE」を目指す人も増えてきました。

「FIRE」とは、「Financial Independence,Retire Early」の略語で、「**経済的な自立を得て、早期にリタイアする**」という意味です。「FIRE」は、長期的視点に立って資産を運用し、運用益だけで生活が成り立つようになった時点でのリタイアを意味しています。これは、元本を取り崩さない、資産を目減りさせないということでもあります。

運用益で生活し、資産を減らさない。「人生百年時代」といわれる昨今、これなら安心して老後の生活を送れそうですね。

【序章　給与以外の収入を毎月手にする】

「ほったらかし投資」って本当にうまくいくの？

「ほったらかし投資」とは、**投資をスタートさせる時に環境を整備して、その後は基本的に放置したままでOK**という投資スタイルを意味します。

世の中には、投資に興味があっても、仕事が忙しくて投資につぎ込む時間が取れなかったり、資金も時間も十分にあるけど、知識と経験が不足していて、資金を運用していく自信がなかったりする人たちもいます。後者の場合、投資活動は「**できるだけシンプルに**」「**できるだけリスクを避けて**」というスタイルになることが自然です。

「ほったらかし投資」の基本は、**少額の資金を長期にわたって、コツコツと積み上げていくこと**です。時間を分散させることによって、価格変動のリスクを小さくします。また、高配当の株や投信（92ページ）、リート（40ページ）などに投資して、価格の浮き沈みを気にすることなく、配当金や分配金を不労所得として手にしていくことです。

ですから、**初心者の方でも気軽に始めることができる**投資のやり方だといえます。

長期的スパンに立って積立投資をするわけですから、株式投資のスイングトレードのように、常にパソコンの前に張り付いて、「チャート」「ローソク足」「移動平均線」などの指標を確認する必要などありません。つまり、投資に際して、余計な時間や手間をかける必要がないということになります。

「ほったらかし投資」では、配当金や分配金などの利益が発生した場合、元本に組み入れられれば、**複利効果を得る**ことができます。複利効果により、大きなリターンを期待することができますが、資産を増やすのではなく、毎月毎年自由になるお金を作るために、年に数回お金を受け取ることも可能です。

また、大勢の識者が指摘していることですが、「簡単」「安心」とはいえ、投資に親しむことによって、資産運用に関して知識や経験が蓄えられ、あなたが**投資家として成長していく**ことができます。

あなたがビジネスマンならば、経済や金融に関して、全般的な知識・経験が獲得できることで、投資に対してだけでなく、あなたの**本来の仕事・業務に対しても大きなメリットがある**はずです。

【序章　給与以外の収入を毎月手にする】

毎月毎年、給与以外の収入を手にする

会社や役所にお勤めの方ならば、労働に対する対価、つまり、「労働所得」を得られるのは、月末の1回であることが普通です（ボーナスは年2回）。

これに対して、不労所得にはそんな制限がありません。

「**銀行預金**」の場合、**利払いは年2回**ですが、金利は微々たるもので、ネット銀行の定期預金でさえ**0・1％程度**です。

「**国債**」の場合、日本銀行がこれまで0・25％程度に抑えてきた長期金利の上限を2022年12月、0・5％程度に引き上げる決定をしたことを受けて、利回りは、「変動10（変動金利型10年満期）」で、**0・66％（税引き前）まで上昇**（2023年10月現在）しました。国債の利息は、半年に1回（年2回）です。

「**株式**」の場合、配当金の支払い回数は企業ごとに異なり、通常は**年に1回か、2回**。銘柄ごとに権利確定日における残高に対して、2、3か月後に支払われます。配当金は当然、**企業の業績によって金額が上下動**します。

これに対して、**米国株**の場合、配当利回りが日本株より高くて、配当回数も年4回などと、**株主に対する還元を重視する**傾向にあります。

「**投資信託**」の場合、配当金とはいわず「**分配金**」と呼びますが、これは1年に何回という決まりはありません。また、「分配金を受け取る」「分配金を元本に再投資する」の二つのコースを選ぶことができる商品が多いです。

「**ETF**」の場合、投信と同じく「**分配金**」といいますが、決算期間中に発生した収益から信託報酬を控除した残金を分配する決まりになっています。

「**リート（REIT）**」の場合、「J-REIT（国内不動産投資信託）」も分配金と呼びます。J-REITの多くは、**年に2回決算を行う**ので、運用が順調ならば年に2回、分配金を受け取ることができます。

ポートフォリオを組んで、これらの金融商品を上手に組み入れることができれば、**「不労所得」を毎月、受け取ることができて生活が楽しくなる**こと、間違いなしですね。

コラム① 数時間後に資産倍増！

「あなたの現金資産を、数時間後に数倍にできます」といわれたら、ほとんどの方が詐欺だと思われるかもしれません。それも宝くじや馬券など失敗したらゼロになるというものではなく、元本保証です。

それは正確にいえば、現金資産の「価値」が増えるといったものです。価値は増えるだけですから、10万円の現金が１００万円になるわけではありません。

謎解きをします。

答えは「為替と物価」です。これも一種の「不労所得」といえるかもしれません。

どういうことかというと、物価の安い国でその国の通貨を使うということです。

物価が日本より安い国に行けば、日本円の価値が上がります。物価が日本の2分の1の国に行けば、10万円は20万円の価値になります。日本で貯めたお金を物価が安い国で使えば、価値が大きくなります。

今、多くの外国人が訪日しています。米国人の友人が頻繁に日本にきて観光し、美味しいものを食べ、様々なものを買っています。中には不動産を買った友人もいます。１日の外食費が１人１万円以上する国の人が、美味しいものを３食食べても４０００円もいかない国にきて、1泊3~4万する宿泊代の国の人が1泊２万円もせずに贅沢できれば、それは物価という魔法で現金資産が増えたことになります。

あなたも日本よりも物価の安い国で、不労所得を手にしてみてください。

第一章

少しずつ増やしていこう「不労所得」

第1話　小遣いをこっそり増やそう!

最近よくスマホをチェックしてるよね?
何やってるの?
へへ、昨年から毎月投資してるんだよ
え?　おまえが投資?
俺だって少しは進歩してるんだぜ!
毎月少しずつだけど
金が金を生んでるんだぜ!
なんか下品にきこえる…
お金に働いてもらってるから
不労所得だよ

不労所得かあ〜
いつも給料日前は
サイフが軽くなっていたけど
ここのところゆとりができて
きたんだよね
うわ、それ下品じゃないかも
目標は、女房に知られずに
小遣いが月2万円アップ!
え—!　神様、私にも
お知恵をおかしください!!

【第一章　少しずつ増やしていこう「不労所得」】

「不労所得」の仕組みと種類

この本での「不労所得」とは、保有している資産を上手に活用して、そこから発生する収入（主に「インカムゲイン」）を得ることを指しています。

株式を100万円で購入して、後にそれを120万円で売れば、収入は20万円です。これを「**キャピタルゲイン**」といいます。購入した株式が、1年で5万円ほどの「配当金」を生んだとしましょう。この所得のことを「**インカムゲイン**」といいます。

これは、金融商品の場合だけでなく、例えばあなたが3000万円のアパートを買ったとしましょう。入居者から毎月30万円の家賃収入があるとします。この30万円が「インカムゲイン」です。このアパートが3年後に3300万円で売却できたら、差額の300万円の利益が「キャピタルゲイン」となります。

本書では、主にこの「インカムゲイン」を得る手段を解説します。以下に主だった**インカ**

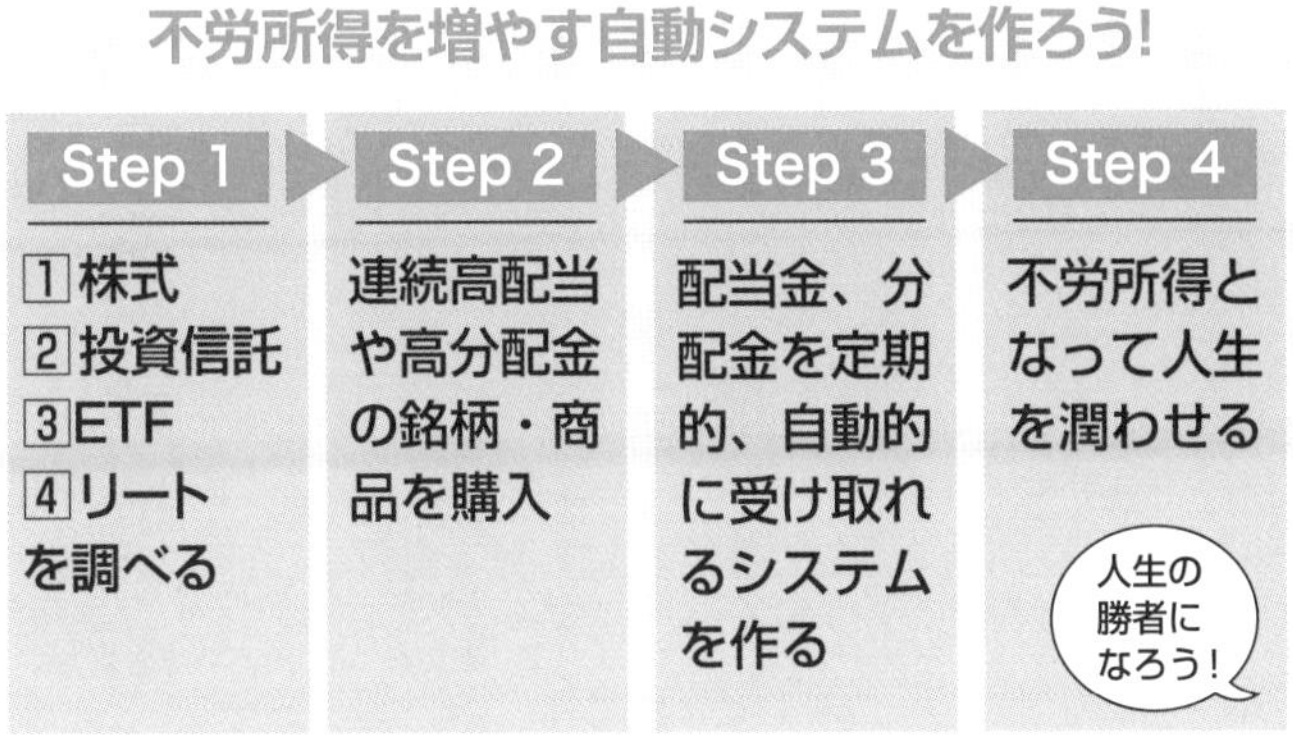
不労所得を増やす自動システムを作ろう!
Step 1
1 株式
2 投資信託
3 ETF
4 リート
を調べる
Step 2
連続高配当や高分配金の銘柄・商品を購入
Step 3
配当金、分配金を定期的、自動的に受け取れるシステムを作る
Step 4
不労所得となって人生を潤わせる
人生の勝者になろう!

ムゲインを得るための手段を紹介します。

①株式投資　②投資信託　③ETF　④リート

特におすすめするのが、この4つの金融商品です。いずれも**証券市場で売買できる金融商品**ですから、「安く買って、高く売る」、その差額（「キャピタルゲイン」）を利益として得ることも可能。

ですが、本誌のテーマは優良な株式や投信などを長期的視点で保有し、年に**数パーセントの配当や分配金（「インカムゲイン」）などの不労所得を安定的に確保し続ける**ことになります。

これから、なぜ特に①株式投資、②投資信託、③ETF、④リートの4つの金融商品をおすすめするのか、その理由を説明させていただきます。

【第一章　少しずつ増やしていこう「不労所得」】

「不労所得」のメリットとデメリット

本書のテーマは、**投資を長期的視点に立って実行**し、最終的にもし可能なら、憧れの「FIRE」までも実現してしまおうということです。

ですから、最初にシステムを構築し、その後は基本的に「ほったらかし」で**半自動的に利益を生み続ける仕組みを作り上げることがとても大事**になります。

以下に、前項で紹介した4つの手段のメリットとデメリットをあげさせていただきます。

①**「株式投資」**

株式投資とは、証券市場に上場している企業の株式を購入し、**売買益（キャピタルゲイン）と配当金（インカムゲイン）をゲットする投資手段**です。

メリットは保有銘柄の株価が大きく高騰した場合、**多額の売却益を得ることができる**こと。

また、企業の利益が上がれば**配当も上昇する可能性がある**こと。デメリットは逆に株価が下落した場合、損失が出たり、配当が下がったり、無配になったりします。

また、企業や国家の経営状況・経済状態の確認や、テクニカル分析が必要だったりと、初心者にはハードルが高い部分が多々あります。

②「投資信託」

投資信託（以下、投信）とは、自分の資金をファンド、つまり**資産運用のプロ集団に「信じて託す」こと**です。メリットは、**ファンドマネージャーがあなたの資産を運用**してくれること。「投信」そのものが**「分散投資」の効用を備えている**こと。成績が良ければ、投信自体の価格が上がりますし、**運用益が「分配金」という形で投資家に還元**されます。デメリットは、金融資産である以上、値下がりする可能性もあるし、無配になることもあります。

③「ETF」

「ETF」とは、**「上場投資信託」**という意味です。

「上場」とあるように、普通の「投信」と異なり、「ETF」は証券市場に上場しているので、

「株式」と同じように、**リアルタイムで取引が可能**です。

「ETF」のメリットは**機動的に売買できる**こと。「投信」と同じく**「分散投資」の効用を備えている**こと、指数に連動するように設計されているので、**値動きがわかりやすい**ということです。また、分配金が出るものが多い点もメリットです。

デメリットは、「証券会社でしか購入できない」「分配金が自動的に再投資されない（複利効果を得られない）」、「投信」に比べて商品の数が少ないなどがあります。

④**「リート」**

「リート（REIT）」とは、**「不動産投資信託」**のことをいいます。

「リート」は、投資法人が投資家たちから集めた資金を使ってオフィスビルや商業施設、マンションなどを購入し、**賃貸収入や売買益を投資家に「分配金」として還元**してくれる、一種の「投資信託」です。従って、「投信」と同じく**「分散投資」の効果を備えている**、**少額の資金で始められる**などのメリットがあります。

デメリットとしては、これも元本や利回りが保証された商品ではないこと、不動産市場そのものの環境変化、地震や火災発生など、固有のリスクが存在することです。

「不労所得」生活のメリット&デメリット

○ メリット	× デメリット
収入が増える	初期費用がかかる
本業のリスクヘッジになる	資産が減少する可能性がある
労働時間を減らして自由な時間を作ることも可能	投資の勉強が必要になる
将来への安心感が大きくなる	失敗も経験するのでストレスになる
嫌いな仕事は避けられる	達成域に行くまで時間がかかる

幸せな時間を作るためには
越えなければいけない
山があります!!

【第一章　少しずつ増やしていこう「不労所得」】

狙うのは「高配当・高分配金」の商品たち

株式投資で不労所得を得るなら、主に「**高配当株**」になります。

「高配当株」とは、文字通り、企業が上げた収益の分配金である**「配当金」をより多くもらえる株**です。高い配当を出す銘柄を長期保有し続ければ、その期間、安定して一定額の不労所得を受け取ることができます。

「高配当」とは、**単に配当金の額が大きいという意味ではありません**ので、ご注意を。

A社という企業が、1株当たり30円の配当金を出したとします。また、B社という企業が、1株当たり20円の配当金を出したとしましょう。一見すると、A社の方が高配当に見えますね。ですが、ここに「**配当利回り**」という指標が絡んできます。「配当利回り」とは株価に対して配当金を年間いくらもらえるか、その比率を計算したものです。

高配当金、分配金例

商品名	配当・分配回数	年間利回り	実績数
株式	年2〜4回	5%以上	63銘柄
投資信託	毎月〜年1回	10〜21%	26銘柄
ETF	年1〜12回	3%以上	23銘柄
リート	年1〜2回	3%以上	57銘柄

配当利回り（%）＝
1株当たりの年間配当額÷株単価×100

A社の年間配当額が30円で、株価が1500円なら、配当利回りは、30÷1500×100で、**2%**となります。

一方、B社の年間配当額が20円で、株価が500円だとすると、配当利回りは、20÷500×100で、**4%**です。

B社は株主に対して、1株当たり4%もの高配当を出せる企業だということになります。というわけで、**A社の株式よりB社の株式の方が「高配当株」である**といえます。

一般に、**配当率が3%を超える**とその銘柄は「高配当株」であるとされます。

【第一章　少しずつ増やしていこう「不労所得」】

利息を生む「債券」を対象から外す理由

債券とは、株などと比べると安全性が高い商品で、**国や地方公共団体、企業などが一般投資家から資金を調達するために発行する証券**のことです。

満期まで持っていれば、発行した機関や企業がつぶれない限り、購入した資金は戻ってきますし、利子を得ることができます。**この利子が不労所得**になります。

債券で一番なじみがあるのは**日本の「国債」**ですね。日本の5年個人向け国債の利回りは約0・28％。国債は外国のものもたくさん種類があり、5年米国債だと**利回りは約4％**になります。

日本の銀行の金利は0・001％ですから、**元本保証の日本の国債なら280倍の利息が手に入る**ことになります。ただし、銀行預金のように資金の出し入れができませんので、**預けっぱなしになってしまうデメリット**はあります。

企業が発行する債券は「**社債**」と呼ばれ、利回りが高い企業で有名なのは**ソフトバンクグループ**です。**2%程度の利回り**がありますので、私も何本も購入しています。身近な企業ですと、トヨタ、三菱UFJ銀行、イオングループなどの社債を私は所有しています。社債は、会社が倒産してしまうと満額戻ってこない証券なので、国債などと比べたら利回りが高いのが特徴です。リスクがありますからね。

ここでは日本国債や社債のことを述べましたが、国債以外にも**地方自治体が発行する地方債**などもありますし、社債の中にも転換社債やワラント社債などもあります。この本では、詳細は省きます。

債券投資は、満期まで持っていれば投資資金を回収できて、不労所得として利息が手に入りますが、**安定はしていても手にできる金額が低い**ため、この本の読者の方には向いていないかもしれません。

用途が決まっていない余剰資金があるなら考えてもいいですが、**ある程度まとまった不労所得を定期的に手にしたいなら対象から外してもいい**と私は思います。

ただし、資産をすべて変動の激しい商品にしておくのは不安と思う方は、一部を債券にするのはありです。私が債券を所有しているのも、そのような理由からです。

【第一章　少しずつ増やしていこう「不労所得」】

毎月の小遣い＋５０００円の不労所得を目指す

現代では**買い物などでもらえるポイント**を利用して、一部の証券会社で**無料で株式投資**ができます。

ポイントを使って株を買って、その株の値段が上昇すれば、売却して本物のお金に換えることだってできるのですから、すごい時代ですね。

さて、あなたの不労所得目標はいくらでしょうか？　冒頭の「はじめに」で述べましたが、２０２３年９月の日本経済新聞の記事にあった株を持っている人と持っていない人の毎月の消費支出差は、**34歳以下の世帯で約９０００円**でした。ですからこの約９０００円の不労所得を今のお小遣いにプラスできるところからスタートしたいですね。

まったくの初心者なら、**月５０００円の不労所得を目標にする**のはいかがでしょうか。

株は通常１００株単位で購入します。１株１０００円以下の銘柄は５００社くらいありま

大手ネット証券の
単元未満株（ミニ株）取引サービス

	手数料	約定回数	対象銘柄数
楽天証券	買い付け無料 売買は1回につき11円、別途売買価格の0.22%を加減算	リアルタイム （寄り付き取引の場合は1回）	約550
SBI証券	買い付け無料 売却時は売却価格の0.55%	3回	約3700
マネックス証券	買い付け無料 売却時は売却価格の0.55%	1回	約3700

楽天証券では若年層や初心者投資家が増加

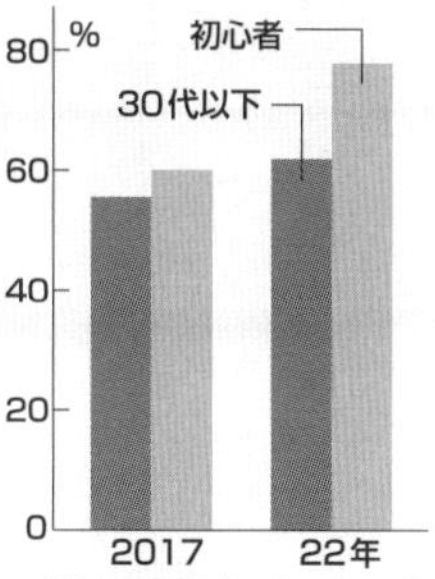

※新規口座開設者に占める30代以下と初心者の割合

※出典・日本経済新聞（2023年4月14日）より

すが、配当金がなければ不労所得になりませんから、**なるべく高い配当金がある銘柄をコツコツ買っていきます**。

100株を買う資金がなくても大丈夫です。証券会社によっては**1株から買うことも可能で**す。上記表にある証券会社なら、購入手数料無料で100株未満でも買うことができます。

すぐに毎月5000円の不労所得が手にできるわけではありませんが、投資に慣れることは大切ですので、このような**単位未満株を買うことは目標への第一歩になる**と私は思います。

毎回同じ株を買う積立投資も可能です。投資という舞台に立ってその世界を見ることで、不労所得の目標額も少しずつ増えていくことは間違いありません。

【第一章　少しずつ増やしていこう「不労所得」】

目標があれば種銭は作れる

何のために投資を始めるのか、明確な目標を立てておきましょう。

将来、大金持ちになりたいという漠然とした目標では不労所得を手にするのは難しくなります。

結婚、子育て、マイホーム資金など、**人生の主だったライフイベントに備えた資産形成**や、起業する予定だから**事業のスタート資金を作るため**、「老後には２０００万円必要」とのことだから定年や引退前に**２０００万円の老後資金を貯めるため**、またはできるだけ早く**夢の「ＦＩＲＥ」を実現するため**など、まずは大まかな目標設定が必要です。

そのためには、それを開始するための「**種銭**《たねぜに》」、つまり、元手が必要不可欠です。

「種銭」を作るコツは、まずは貯金ですが、貯金は生活資金で残ったものでしていては貯まりません。毎月の収入が入ったら、**必ず貯金する金額を差し引いてから**生活をしていきます。

金持ちになっている方の多くは、間違いなくそうしています。

次に行うのは**節約**です。

1万円を節約することは、**1万円を稼ぐことと同じ**です。

クレジットカードでのキャッシング、またはリボ払いをやめたり、浪費・ギャンブルをやめる。食費をおさえたり、飲み会の回数を減らす。マイカーをやめて、カーシェアリングを利用する。生命保険の「特約条項」を見直すなどなど……。

効果抜群なのが、**「固定費」の圧縮**です。

たとえば現代人の必需品であるスマートフォン。契約先の電話会社をずっと替えず、料金プランも見直さない人は、軽く月額1万円以上使っているのでは? これを格安プラン・格安スマホに換えるだけで、月額5000円ほどの節約ができるはずです。

大切なことは、**節約によって毎日の生活を犠牲にしないこと**。ガチガチに食費や交際費などを削って、生活の質を低下させることは避けましょう。

3年、5年と続けていける節約方法を実行して、大きなストレスにならない範囲で「種銭」を形成していきましょう。あなたの努力の先には、必ず不労所得が待っています。

コラム② 日本脱出で資産を作る！

私の長男は海外語学留学後、その国で就職活動をして日系企業に就職しました。

語学留学といっても、英語や中国語を学んだわけでなく、ニッチな言語です。それも日本の企業が数千社構えている国の言語です。

なぜそのようなことをしたかといえば、それは競争相手が少なく、人材ニーズが高いからです。

日本は幸福な国だと私は思いますが、金銭的なことで評価するならば、かつての日本と比べたら今の日本人はとても貧乏になっていると思います。

これからさらに日本人は貧乏になると思います。それはサラリーが劇的に増えず、キャリアの評価が低く、通貨が弱い国だからです。

人口が右肩下がりで、高年齢の方が多く、企業も国民も進んでどんどん投資をしていない国は世界から取り残されます。

海外で就職活動して就職することと「不労所得」は異なるとは思いますが、強い通貨で給料をもらい、日本より物価が安く、転職の際のキャリアアップからサラリーは劇的に上がりやすい国で働くことは、同じ労働でも対価が変わるため、その分資産が増えるのと同じように思えます。また、そのような国で投資の利益に対しての税制優遇があるのならなおさらです。世界には投資の利益に対する税率が日本よりも低い国が複数あります。不労所得を追求する場合、投資に関する税金の知識は必要不可欠です。

人生の選択肢を広げることは、とても大切なことだと私は思います。

第二章 「高配当株」のこと、知りたいです!

第2話 「株主」って呼んでください!

投資って難しいって思ってたけど
わかったのよ!
何がわかったの?
投資のことから逃げていたから
知らなかっただけってこと!
わかる〜!
通勤電車の中で調べていて
ビックリよ!　手数料0円よ!
知ってる!
株を買う手数料が0円よね!

そうそう!
私も調べたわよ　株には配当金がドン!と出るものがあるの知っちゃった―!
配当金〜っていう言葉しびれちゃうよね〜
配当金が3%も出るなら
もう銀行預金なんてやってられないわよ
銀行の利息の300倍よ!
Me, too!
1000円以下の株も
たくさんあるらしいから
私たちもとうとう株主よ!!

【第二章　「高配当株」のこと、知りたいです！】

そもそも、「配当」って何？

「株式」を購入することで、**投資家は企業に対して三つの権利を持つ**ことになります。

①「株主総会」に出席して、決議に参加できる権利
②企業があげた収益から、利益分配を受ける権利
③会社が解散した時、残された資産を分配して受け取れる権利

「配当」は②の「企業があげた収益から、利益分配を受ける」ことをいいます。これは**株を持っているだけで手にできるので、不労所得**ですね。

当然、株主が保有する株数に比例して「配当」は分配されますので、１株50円の配当なら、１００株持っていたら５０００円（税引き前）もらえることになります。

通常は、決算時に「配当」が行われますが、これを「**普通配当**」といいます。

投資家にとっては、当然、高い「配当」を出してくれる企業が魅力的に映りますが、高成長を続けている新興企業などは、さらなる成長を目指して**収益を「配当」ではなく、「内部留保」（企業の現金の備え）に回す**ことも多いので、「配当」が出ないこともあり、少ないからといって駄目な企業というわけではありません。

企業が「配当」を増やすことを「**増配**《ぞうはい》」といい、それまで中断していた「配当」を復活させることを「**復配**《ふくはい》」といいます。その企業の**業績が大きく向上したというサイン**なので、株価が上昇するきっかけになったりします。

逆に、「配当」を減らすことを「**減配**《げんぱい》」、「配当」を中止することを「**無配**《むはい》」といいます。

こちらは逆にその企業の**業績が悪化したというサイン**になるので、株価が大きなダメージを被ることがあります。

配当は、**年に2回行う企業が多い**のですが、各企業の決算月で決まるので、**決算月が違う企業の株を購入していけば、毎月配当を受け取れる**生活も可能です。現実にそのような不労所得を手にしている投資家もいますし、ＳＮＳにもそのような情報はたくさんアップされています。

【第二章　「高配当株」のこと、知りたいです！】

「高配当株」はなぜ高い配当を出せる？

なるべく多くの不労所得を手にしたいわけですから、配当は多いにこしたことはありません。配当が多い株のことを**「高配当株」**といい、一般的に**「配当利回り」の高い株式**のことを指します。

「配当利回り」は、43ページにある計算式で導かれます。

「配当」が年間１８００円の銘柄を６万円で購入したとすれば、**「配当利回り」は３％**ということになります。一般的に**「配当利回り」が３％から４％あれば「高配当株」**だとされています。

ここで注意していただきたいのは、株価が下落したり（計算式上、１株当たりの株価が小さくなれば）、安い株価のまま置かれていたりすると、**「配当利回り」が高く算出される**ということです。

高い「配当利回り」に惹かれてその銘柄を購入したら、絶賛、株価が暴落の真っ最中だったり、株価がほとんど動かず、キャピタルゲインのうまみがまったくないということもありますので、ご用心ください。

高い「配当」を出せる企業は、収益性が高く、経営基盤が安定していて、同時に株主により多くの利益を還元する姿勢を持っていると考えられます（これを「**配当性向が高い**」といいます）。「配当性向」は、以下の計算式で導かれます。

配当性向＝１株当たりの配当額÷１株当たりの純利益×１００

例えば、１株当たりの配当額が90円で、同じく純利益が３００円だったとすると、「配当性向」の数値は30％になります。おおむね、**この30％が「配当性向」の目安**になります。

ただし「配当性向」が高いということは、それだけ**「内部留保」が少ない**ということを意味しています。前述のように、高成長を続けている新興企業は、収益を「配当」で株主たちに分配することよりも、現金を吐き出さずにさらなる成長を目指してそれを再投資することが多々あります。

【第二章「高配当株」のこと、知りたいです！】

高配当株はどこで買えるの？

「高配当株」は、普通の株式と同じく、証券会社の**「対面取引」**、ネット証券各社のアプリを利用した**「ネット取引」**、どちらでも売買可能です。

ネットでの売買は不安だから、証券会社の支店で担当者に相談しながら銘柄を選ぶこともできれば、スマホやパソコンを使って、様々なＳＮＳの情報や各証券会社のアプリの検索で選んだ銘柄を買ってもいいと思います。

証券会社の「対面販売」の場合、証券マンのアドバイスを参考にすることができますが、頻繁にセールスの電話などがかかってきて、煩《わずらわ》わしい思いをすることもあります。一方、パソコンを使った売買は、部屋の中でパソコンのモニターを眺めながら銘柄選定できるので、休日にじっくりやるのもいいです。

スマホを使ったトレードが一番お手軽で、現代人のライフスタイルに合ったやり方だと思います（ちなみに私は、スキマ時間で有効に投資できるテクニックを紹介した『超かんたん「スマホ」株式投資術』というシリーズ本を3冊出版しています）。

スマホを使ったトレードなら、通勤電車の中、散歩の途中、喫茶店でくつろぎながらなど、**自分の好きな時間で株式投資を楽しむ**ことができます。

今は、スマホだけで「証券口座」の開設から、入金、株式の売買、出金まで、画面をタップするだけで実行が可能ですし、覚えてしまえばとても楽に投資ができます。

ネット証券各社が、**スマホ向けにアプリを提供**していて、ネット証券のホームページから簡単に申し込むことができますし、**売買手数料が0円の会社も複数ある**のでやらない手はありません。

株の中には「**低位株**」と呼ばれる1株100円程度から購入できる銘柄がありますから、初心者でも気軽に始めることができます。高配当株の例や探し方は次のページから説明していますが、このような高配当株をコツコツと買い続けていけば、配当という不労所得を産んでくれます。

銀行預金と比較すると、株式投資はリスクがありますが、その**リスクの代償の一部が配当**ともいえます。

【第二章　「高配当株」のこと、知りたいです!】

どうやって「高配当」の銘柄を探すの？

「高配当」を出す銘柄を探すのに最も簡単なやり方は、ネット証券各社が提供している**アプリの「スクリーナー」**を使用することです。「スクリーニング」とは、日本語で「**選別**」を意味します。「スクリーナー」で、「選別する装置」という意味になります。

例えば楽天証券なら「**スーパースクリーナー**」を使います。スマホで操作すると、メニュー画面にスーパースクリーナーがあり、そこをタップすると「高配当銘柄」という文字がすぐ目に飛び込んできます。２０２４年１月13日時点だと、「23件」と出ています。各企業の「指標」をチェックすると、コンセンサス情報に予想配当利回りが載っています。

また、まだ証券会社の口座を開設していない方は、**Yahoo! ファイナンスのスマホ用アプリを使って探す**方法もあります。手順は左ページにあります。高配当の企業は株価変動にともないどんどん変わってしまいますので、左ページの配当例はあくまで参考です。

高配当の会社は簡単にみつかります!!

■ 高配当株の探し方と配当利回りの例

1 「Yahoo!! ファイナンス」のアプリをダウンロードして開く

2 「株式」をクリック

3 「株式ランキング」をクリック

4 「マーケット情報」の「配当利回り」をクリック

5 配当利回り順位、会社名、株価、決算日、1株配当金、利回りがあっという間に表示!!

配当例（「Yahoo !! Japanファイナンス」）

	名称・コード・市場	取引値	決算年月	1株配当	配当利回り
1	三ツ星ベルト（株） 5192東証PRM	4,455	2024/03	250.00	+5.61%
2	ユナイテッド（株） 2497東証GRT	859	2024/03	48.00	+5.59%
3	キャリアリンク（株） 6070東証PRM	2,156	2024/03	120.00	+5.57%
4	アールビバン（株） 7523東証STD	1,086	2024/03	60.00	+5.52%
5	世紀東急工業（株） 1898東証PRM	1,638	2024/03	90.00	+5.49%
6	（株）タチエス 7239東証PRM	1,697	2024/03	92.80	+5.47%
7	安藤ハザマ 1719東証PRM	1,112	2024/03	60.00	+5.40%
8	日東工業（株） 6651東証PRM	3,485	2024/03	188.00	+5.39%
9	グランディハウス（株） 8999東証PRM	594	2024/03	32.00	+5.39%
10	投資法人みらい 3476東証	43,450	2024/04	2,335.00	+5.37%

【第二章　「高配当株」のこと、知りたいです！】

配当性向が高い企業を選ぶ

配当性向とは、企業の利益のうち、どの程度を配当に充てたかを見る指標です。配当性向が高いということは、それだけ**会社があげた収益を株主に還元**することを重視している企業であり、**株主を大切にしている**ということになります。

ただ、あまりに高い配当性向は企業側に何か無理があるようにも感じますので、**配当性向40％以上で業績が堅調な企業を選ぶことが大切**です。また、配当性向は一時的に高い会社もありますので、しっかり調べることは大切です。例えば、上場廃止となった大塚家具は、100％を超える年が複数年あり、**上場廃止の少し前は400％**にもなっていました。

配当性向が100％を超えるということは、企業が手にした利益以上に配当するわけですから、自分の貯金を切りくずして大盤振る舞いしているわけで**普通ではありません**。不労所得を手にする時は、配当性向がそこそこ高い企業を調べる必要もあります。

知っておきたい！「配当性向」

■「配当性向」の基礎知識

配当性向とは？	企業があげた純利益のうち、どの程度配当にあてたかがわかるものさしです。
配当性向の高い企業の探し方	ネット検索をすると様々なランキングを見ることができます。「みんかぶ」や「四季報」など信頼あるページを参考にします。
配当性向の基準	絶対的な基準はありませんが、40〜50%程度を目安にしましょう。

■ SOMPOホールディングスの配当性向の推移

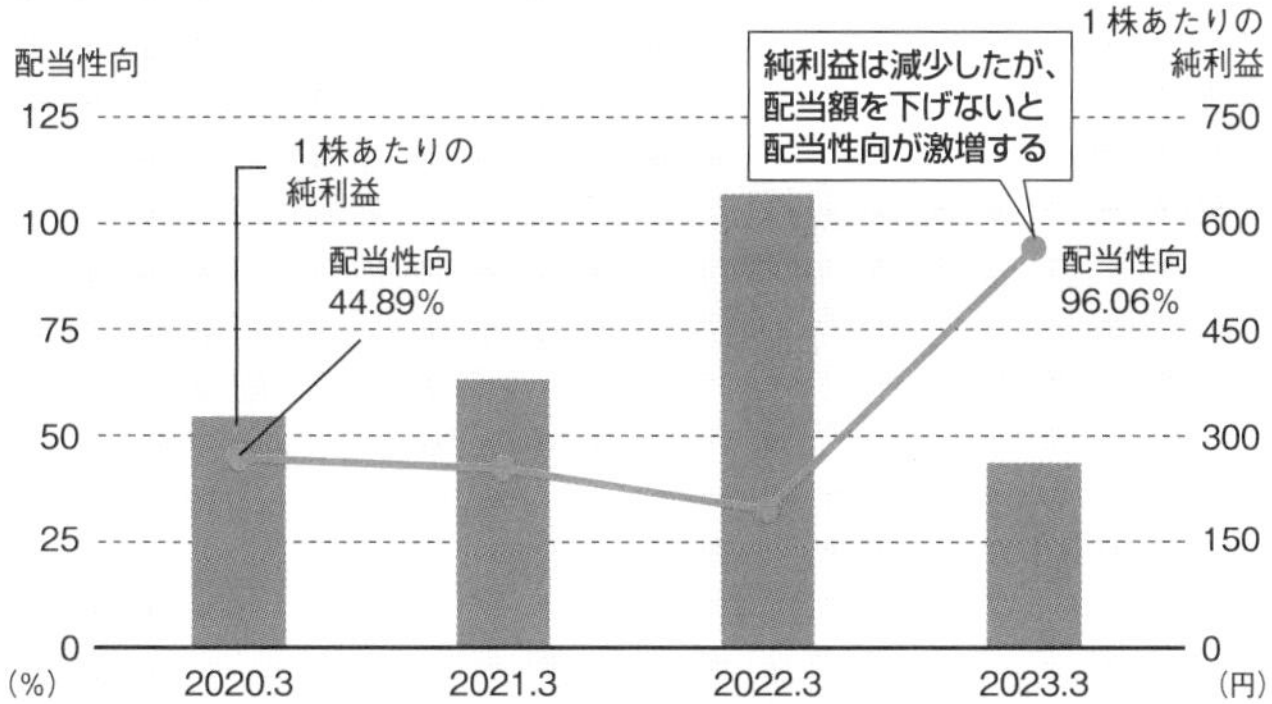

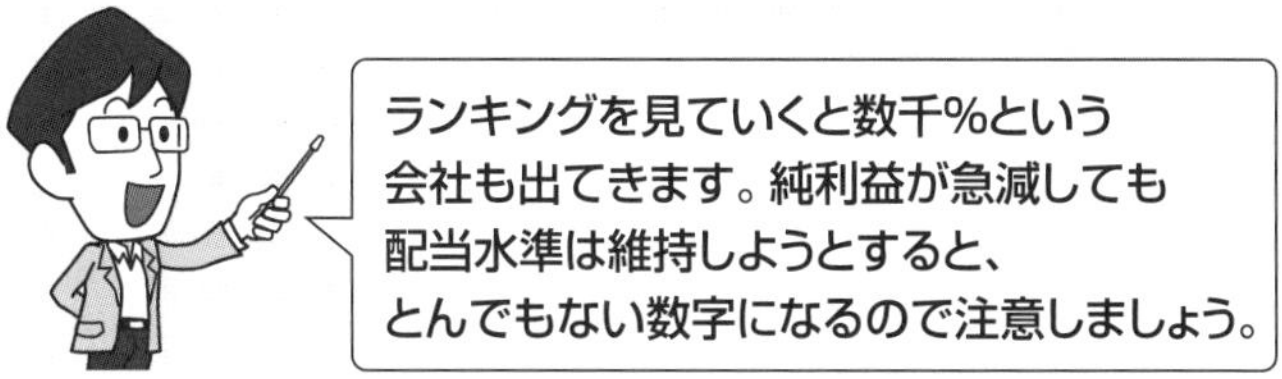

【第二章　「高配当株」のこと、知りたいです！】

株価1000円以下の各月の高配当銘柄紹介

投資初心者でも使いやすい「Yahoo!ファイナンス」のアプリ版で、株価1000円以下で買える高配当銘柄を「スクリーニング」してみましょう。

まず、「Yahoo!ファイナンス」のアプリを立ち上げ、下段の「メニュー」をタップ。中ほどの「株コンテンツ」から、「スクリーニング」をタップ。下段の「検索条件」で、「スクリーニング」をかける条件を変更します。最初の画面では、「市場」は、「東証プライム」「東証スタンダード」「東証グロース」「名証」「札証」「福証」と、日本のすべての証券市場にチェックが入っているはずです。

また、「配当利回り」は、「指定なし」になっているはずですから「**2%以上**」に、「最低購入代金」を「**下限なし～10万円以下**」に変更してみましょう。

「10万円以下」というのは、株式を購入できる最低単位が「100株」ですから、10万円割ることの１００株で、株価１０００円以下ということになります。

この条件における「スクリーニング」は、「配当利回り」を「２％以上」、１株１０００円以下で買える銘柄を選定ということになります。**「検索結果」は「592件」**です（24年２月３日現在）。

この調べ方は、株価１０００円以下の配当利回りが２％以上の銘柄探しになりますが、毎月不労所得を得るには、１月から12月まで、それぞれの月に配当している、株価が高くない企業を探してコツコツ買っていく方法があります。

毎月配当金という不労所得があるって、とっても夢がある話ですね。

調べ方は、ネットで「**毎月配当金**」とか「**○月権利確定**」などの言葉で検索すると、いろいろな情報を得ることができます。

たとえば個人投資家向けのコミュニティサイト「**みんかぶ**」で検索すると、**各月の配当利回りランキング**、**最低投資金額**、**配当利回り**、**優待権利確定月**がわかり、選ぶのに便利です。

配当利回りランキングだと株価が高いものもありますから、最低投資金額を低い順に並びかえると、あなたの予算にあった銘柄を探し出すことができます。

以下の配当する企業例

権利確定月	銘柄（コード）	最低投資金額	配当利回り
7月	ウエスコHD（6091）	約54000円	3.74%
	大盛工業（1844）	約20000円	3.61%
	明豊エンタープライズ（8927）	約25000円	3.56%
8月	JESCO HD（1434）	約60000円	5.01%
	グラファイトデザイン（7847）	約82000円	4.98%
	IDOM（7599）	約78000円	4.57%
9月	ユナイテッド（2497）	約94000円	5.12%
	ベリテ（9904）	約40000円	4.93%
	東洋機械金属（6210）	約71000円	4.91%
10月	グッドコムアセット（3475）	約78000円	4.61%
	トーシンHD（9444）	約69000円	3.48%
	土屋HD（1840）	約23000円	3.04%
11月	アステナHD（8095）	約47000円	3.81%
	スター・マイカHD（2975）	約57000円	3.66%
	日本プロセス（9651）	約99000円	3.63%
12月	ファンコミュニケーションズ（2461）	約40000円	4.75%
	竹本容器（4248）	約79000円	4.59%
	スペース（9622）	約95000円	4.23%

各月の株価1000円

権利確定月	銘柄（コード）	最低投資金額	配当利回り
1月	コーセーアールイー (3246)	約95000円	3.76%
	丹青社 (9743)	約83000円	3.62%
	ストリーム (3071)	約11000円	2.75%
2月	明光ネットワークジャパン (4668)	約72000円	4.72%
	バロックジャパンリミテッド (3548)	約82000円	4.63%
	リソー教育 (4714)	約24000円	4.17%
3月	エヌアイシ・オートテック (5742)	約83000円	4.92%
	ゲンダイエージェンシー (2411)	約37000円	4.89%
	グランディハウス (8999)	約66000円	4.88%
4月	アールエイジ (3248)	約81000円	4.07%
	ダイサン (4750)	約59000円	3.73%
	クミアイ化学工業 (4996)	約82000円	3.41%
5月	リベレステ (8887)	約79000円	5.06%
	日本フイルコン (5942)	約55000円	4.92%
	日本国土開発 (1887)	約54000円	4.11%
6月	KG情報 (2408)	約70000円	4.95%
	スカラ (4845)	約76000円	4.95%
	アーバネットコーポレーション (3242)	約41000円	4.94%

【第二章「高配当株」のこと、知りたいです！】

「高配当」「連続増配」の米国株紹介

世界の株式時価総額は**約１０７兆ドル**になり、そのうちの**約45%を米国企業が占めています**。中国の経済が伸びた、インドも大成長しているといっても、世界の経済資本の半分近くは米国にあるのですから、投資の世界でもその地位はライバルがいないといっても過言ではありません。

ちなみに日本の株式時価総額は**世界の株式時価総額の6%弱**であり、中国の次の世界第3位にありますが、米国との比較にはなりません。

左ページのＮＹダウと日経平均株価の6年間の推移を見ていただくと、２０２４年の日経平均株価の爆上げがありますから遜色ないように見えますが、数年前まで地べたを這っていた日経平均株価と比べ、米国のＮＹダウは素晴らしい**右肩上がりの上昇**を見せてきました。

アメリカの企業は、概して**「配当性向」が高い**、つまり、株主に対して利益を還元する傾

■「日経平均（日経225）」と「NYダウ30種」の推移

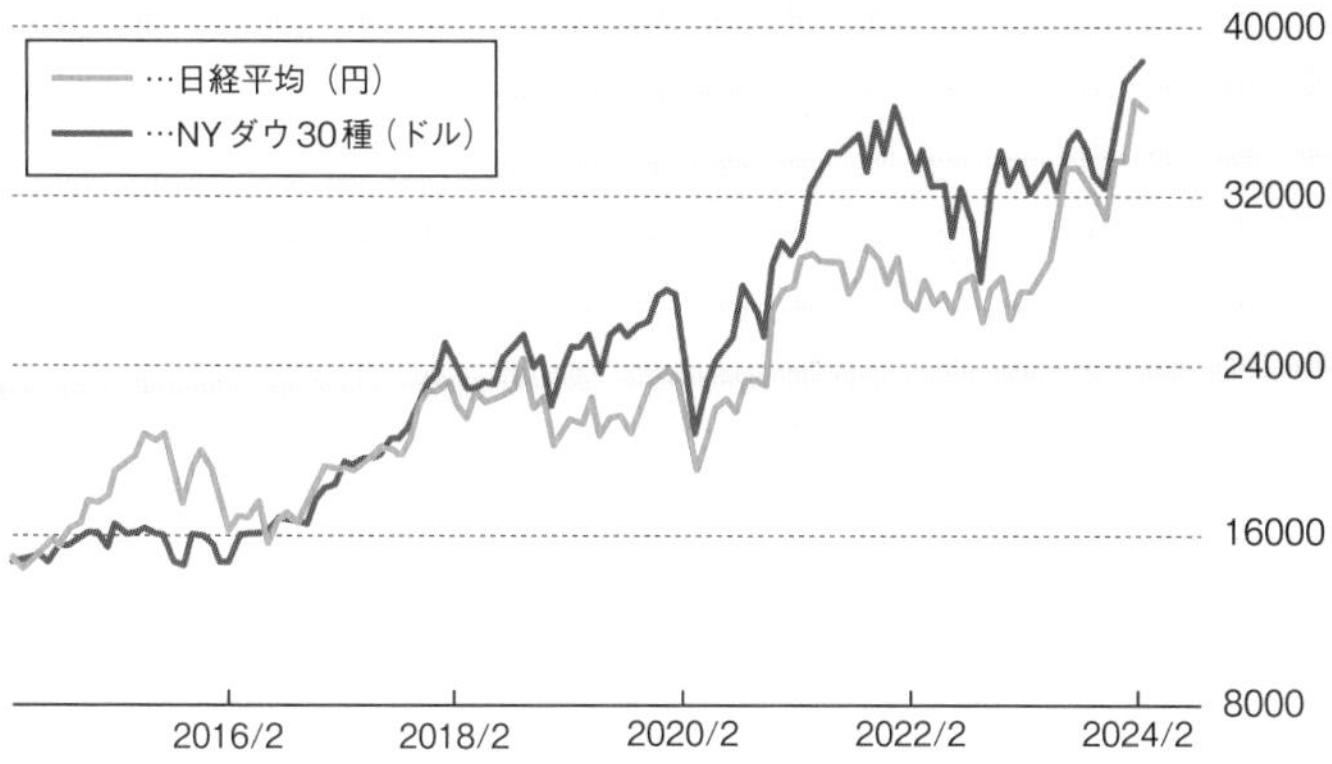

向が強いといえます。

アメリカ企業の場合、「配当利回り」が高いだけではありません。日本企業が「配当」を1年に1回から2回出すのに比べて、70ページに載せたアメリカ企業の場合、**1年に4回も「配当」を出してくれます**。

また、「プロクター&ギャンブル（PG）」「スリーエム（MMM）」「ジョンソン&ジョンソン（JNJ）」などの企業は、実に**半世紀以上にわたって連続で増配を実行**しています。

社名の後のアルファベットは、「**ティッカーシンボル**」といって、4ケタの数字からなる日本の「証券コード」に相当する**米国株の銘柄を識別するコード（符帳）**のことです。

米国株で、「高配当」かつ、連続で「増配」

■ 日本人にも知られている米国株高配当銘柄

銘柄（ティッカー）	予想配当利回り
フォード・モーター（F）	8.71%
AT&T（T）	7.56%
ゼロックス・ホールディングス（XRX）	6.39%
スリーエム（MMM）	5.74%
フィリップ・モリス・インターナショナル（PM）	5.37%
プルデンシャル・ファイナンシャル（PRU）	5.28%
ギャップ（GPS）	5.13%
ウェンディーズ（WEN）	5.05%
シティーグループ（C）	5.03%
ファイザー（PEE）	4.69%

■ 日本人にも知られている米国株連続増配銘柄

銘柄（ティッカー）	増配年数	配当利回り
プロクター&ギャンブル（PG）	67年	2.61%
スリーエム（MMM）	65年	5.74%
コカコーラ（KO）	61年	3.14%
ジョンソン&ジョンソン（JNJ）	61年	3.07%
ユニバーサル（UVV）	52年	5.05%
ペプシコ（PEP）	51年	2.96%
ウォルマート・ストアズ（WMT）	50年	1.49%
マクドナルド（MCD）	48年	2.33%

を続けている銘柄を買いたいと思ったら、グーグルで検索してみるのが一番の早道です。「**米国株　高配当　ランキング**」で検索してみると、「個別株」「ＥＴＦ」「１株１万円以下で買える低位株」など、テーマごとに結果を得ることができます。

「どうせなら、『配当利回り』が高くて、『連続増配』を続けている銘柄を見つけたい」

そういうことなら、「**S&P500　配当貴族指数**」で検索すれば、ＯＫです。

ただ、米国株の場合、**「税金」と「為替リスク」**の存在を忘れてはいけません。国が違えば、税制も通貨も異なるのですから。

株式投資では、「売却益」に「譲渡益課税」、「配当」には「配当課税」、それぞれ20％の税金が課せられます。米国株を売却した時、その「売却益」にはアメリカでは課税されず、日本のみ課税対象となります。しかし、「配当」には、アメリカで10％が源泉徴収され、さらに日本で20・３１５％が源泉徴収されるといった**二重課税**となります（二重課税対策もありますが、本書では一部の説明を１４６ページで解説）。

米国株は、当然「米ドル」で取引されますから、**円／ドル相場の動きによっては損失が発生**する可能性があります。１ドル＝１５０円の時に米国株を買って、１ドル＝１２０円の円高に触れた時点で売却すれば、30円分の「為替差損」が発生することになります。

【第二章「高配当株」のこと、知りたいです!】

「権利確定日」に注意

「権利確定日」とは、株式投資において、不労所得である**「配当」**の分配、**「株主優待」**の**提供などを受ける権利を得られる日**のことです。

しかしながら、この「権利確定日」に「株式」を購入しても、**「配当」や「株主優待」を得ることはできない**ので、注意が必要です。

「株主」としての権利を確保するためには、**「権利確定日」の2営業日前までに「株式」を購入**しておく必要があります。

「株主」としての権利を確保するためには、「権利確定日」に投資家が「株主名簿」に名前を記されていることが必要となります。その「株主名簿」の作成に時間がかかるので、「権利確定日」の2営業日前まで、「株式」を購入しておく必要があるわけです。

この「権利確定日」の2営業日前の日にちのことを、**「権利付き最終日」**といいます。

権利確定日例

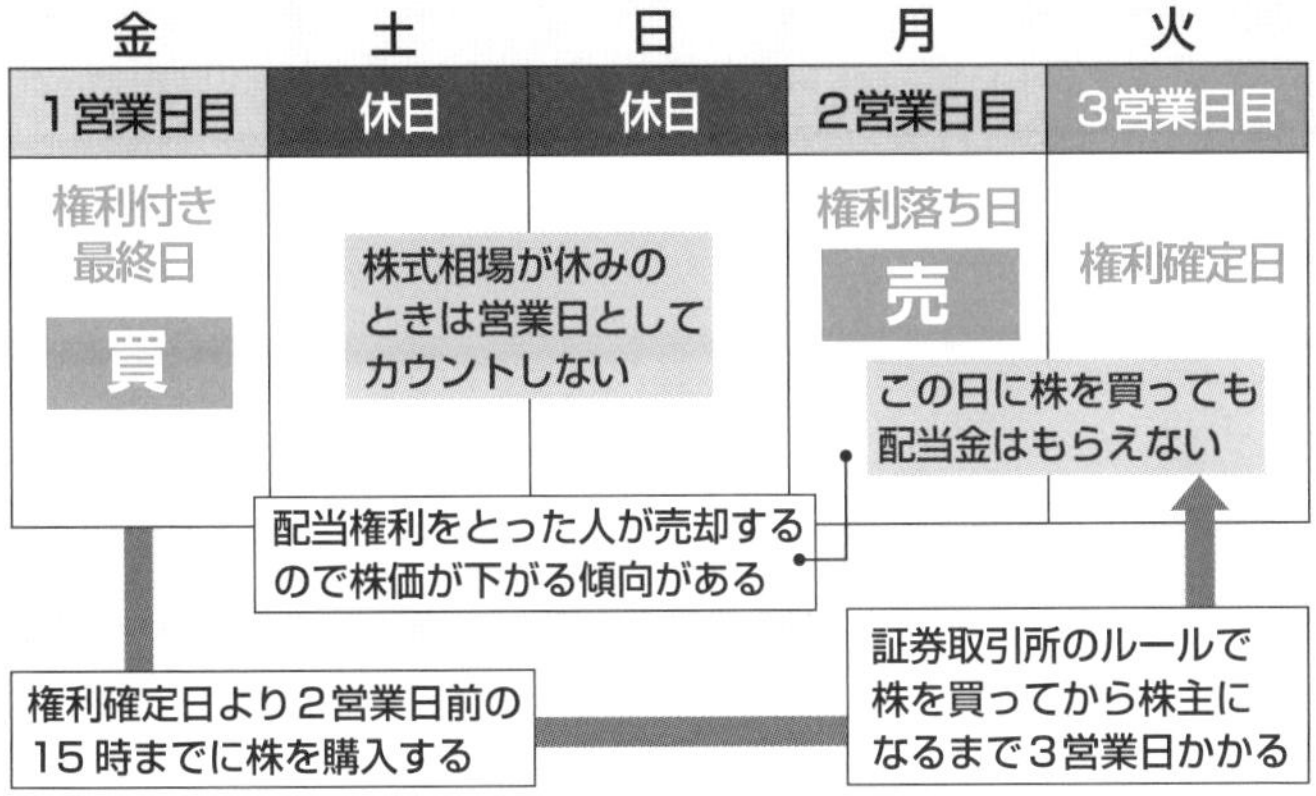
金
土
日
月
火
1営業日目
休日
休日
2営業日目
3営業日目
権利付き最終日
買
株式相場が休みのときは営業日としてカウントしない
権利落ち日
売
権利確定日
この日に株を買っても配当金はもらえない
配当権利をとった人が売却するので株価が下がる傾向がある
証券取引所のルールで株を買ってから株主になるまで３営業日かかる
権利確定日より２営業日前の15時までに株を購入する

投資家たちは、「配当」や「株主優待」を確保するため、「権利付き最終日」までに、「株式」を購入することが多いので、**この日に向けて株価が上昇**することが多々あります。

一方、「権利付き最終日」に「株式」を所有していれば、「配当」や「株主優待」を得られるわけですから、この「権利付き最終日」の翌営業日にその「株式」を売却しても、「株主」としての権利は確保できることになります。この「権利付き最終日」の翌営業日のことを、「**権利落ち日**」といいます。

「配当」や「株主優待」の権利をもらった後、さっさと売り飛ばしてしまう投資家が多いので、**「権利落ち日」以降、株価が売りに押されて下落**することがあります。

【第二章 「高配当株」のこと、知りたいです!】

高配当株選択時の失敗

誰であれ「株式投資」を楽しむならば「高配当株」、つまり、「株主」に対して収益をより多く、分配してくれる企業の「株式」を買う方を選びますよね。

しかしながら、「高配当株」への投資にも、いくつかのデメリットや問題点、注意すべきところなどがあります。

「高配当株」の場合、安定経営の成熟した企業が多いため、**一般的に株価が上昇しづらい**という特徴があります。従って、株価が上昇した局面で売却をして「売却益(キャピタルゲイン)」を得られる機会が少なく、短期売買で利益を狙う投資家たちからは敬遠される傾向にあります。

一方、長期にわたって、**「配当」などのインカムゲインを望む投資家にとっては、とても魅力的な銘柄**であるといえます。しかし、購入後、株価が大きく下落してしまっては元も子もないわけですから、できるだけ割安なタイミングで購入することが大切になります。

高配当株を選ぶ際には、三つの注意点があります。すなわち、

①配当利回りだけ見て判断してはいけない

②集中投資ＮＧ

③割安銘柄は放置されることが多い

の三つです。

不労所得としての配当をもらっていても、その配当以上に株価が下がっていけば、いくら長期保有と思っていても気が気ではなくなるのが普通です。高い「配当利回り」にばかり注目せず、**その企業の業績は堅調か、財務が健全であるか**と確認して、銘柄を選択しましょう。

また、いくら「配当利回り」が高い「銘柄」であっても、**ひとつの「銘柄」に集中投資は御法度です**。今は売買手数料が無料といった証券会社もありますし、単元未満で購入できるサービスもありますから複数の企業の株を買っていっても、手数料を気にしなくていいので、集中投資するのではなく、**複数の高配当株を持っている方が気分的に楽**でしょう。投資家によっては、分散投資はあまりよくないという方もいますが、初心者・初級者の方にはなるべく危険を避ける上で複数の銘柄を所有することをおすすめします。

2023年高配当銘柄例

銘柄（証券番号）	株価（円）	配当利回り（%）
アルデプロ（8925）	285	7.01
ケイアイ不動産（3465）	3105	5.79
レーサム（8890）	3040	5.75
グッドコムアセット（3475）	626	5.75
三ツ星ベルト（5192）	4455	5.61
ユナイテッド（2497）	859	5.59
アールビバン（7523）	1086	5.52

③であげた「**割安銘柄**」とは、その会社の本来の企業価値が正確に評価されておらず、市場で「放置」されたままになっている「株式」のことです。

その企業の収益性や資産価値から、明らかに現在の株価が「割安」であると判断できる銘柄を買い付けて値上がりを待って売り抜ける手法を「**バリュー投資**」といいます。

「割安銘柄」は、何かのきっかけでその価値が見直され、買いが入ることがあります。また、株価が安価なため、1株当たりの配当金を現在の株価で割って算出される「配当利回り」が高くなります。従って、「割安株」を上手に見つけ出すことができれば、**大きな「売却益」と高い「配当」の両方を狙う**ことができます。

右表より5年前の2018年高配当銘柄例

銘柄（証券番号）	株価（円）	配当利回り（%）
日産自動車（7201）	1115	4.75
ＪＴ(2914)	3167	4.74
ウェルネット（2428）	1131	4.42
フィールズ（2767）	1161	4.31
松井証券（8628）	1031	4.27
あおぞら銀行（8304）	4395	4.19
千代田インテグラ（6915）	2319	4.10

東京証券取引所が声を上げて進めた日本企業のPBR（株価純資産倍率）改革により、2022年末に1倍割れだった170社近くが1倍回復へと進みました。この**PBR1倍割れ**という数字は、**割安株を見つける物差しのひとつ**になります。

上記の表は、2018年の高配当銘柄と5年後の2023年の高配当銘柄の例です。単純に比較はできませんが、企業は生き物なので、同じ銘柄が延々と高配当を出し続けるのは難しいですし、売買手数料がかからない時代には、**配当利回りをチェックして定期的な乗り換えをした方がよい**と思います。

不労所得を手にするために、高配当銘柄かどうかを**決算ごとにチェックする**ことが、失敗を避けるひとつのコツだと思います。

【第二章「高配当株」のこと、知りたいです!】

株には買い時と売り時がある

通勤電車の中でたまたま読んだ雑誌に、「この株が買いだ!!」という推奨銘柄が掲載されていて、あなたがそれに関心を持ったとします。

「自分も使っている○○電気の株価が８００円。８万円で投資できるなぁ」

しかし、その８００円という株価が、果たして高いのか安いのか、**数字だけでは判断できません**よね。そういう時は、「**移動平均線**」を見て、○○電気の株価が最近どのような値動きをしてきたかを確認してみましょう。

「移動平均線」とは、**ある一定の期間の株価の平均値を計算して、それを折れ線グラフで表したもの**です。その銘柄が上昇傾向にあれば、「移動平均線」は**右肩上がりの折れ線**を描きます。逆に下落傾向にあれば、「移動平均線」は**右肩下がりの折れ線**を描きます。

「移動平均線」は、株価のトレンドなど**相場の方向性を探るための重要な指標**です。

■ 移動平均線に見る「売り」と「買い」のタイミング

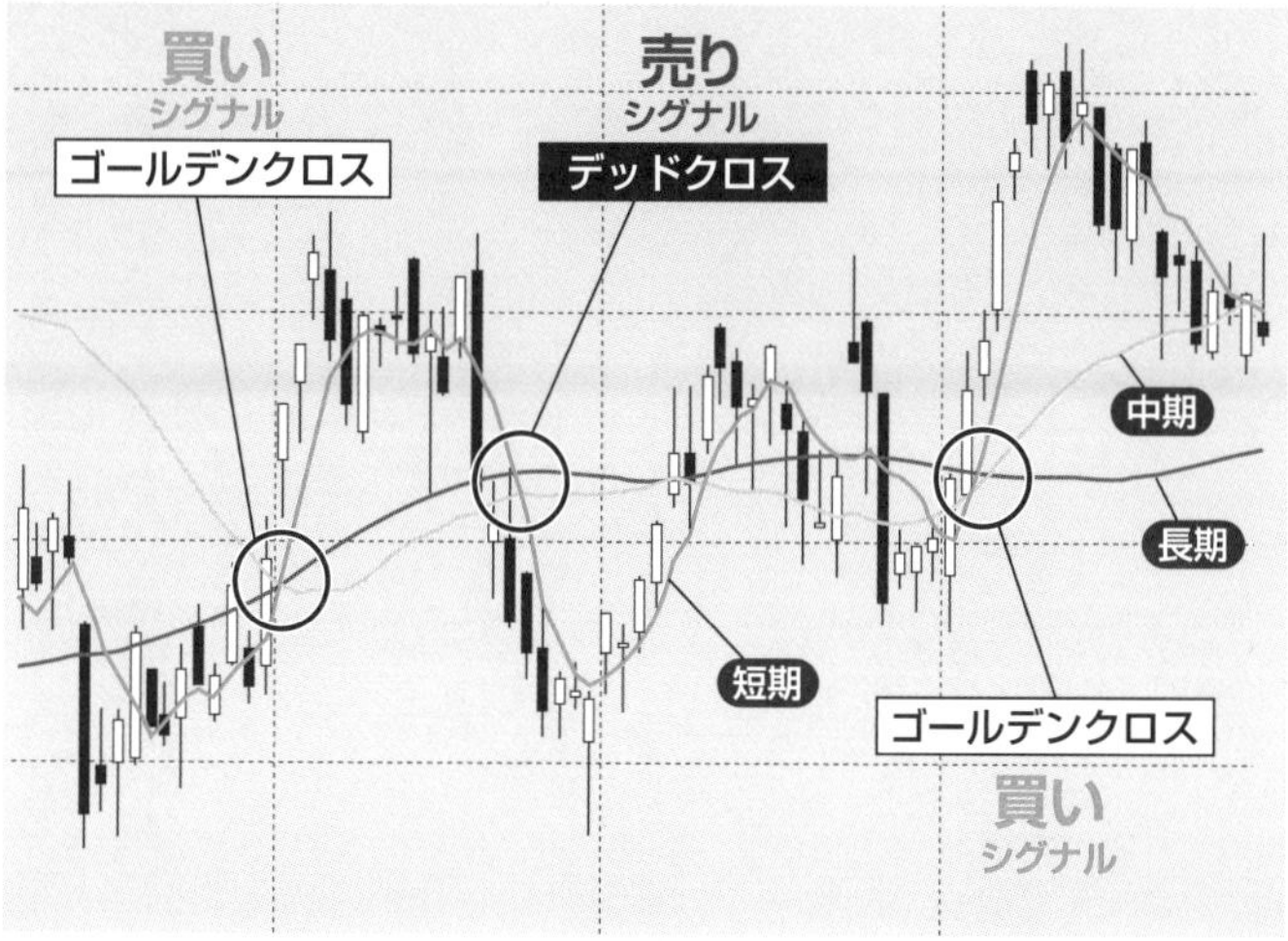

「移動平均線」には、**「短期」「中期」「長期」**の3種類があって、「ローソク足」「出来高」と組み合わせて、売買のタイミングを計る**「テクニカル分析」**に用いられます。

「短期」の「移動平均線」は、**短いスパンの株価の動き**を表しているので、「長期」の「移動平均線」より、値動きに敏感に反応します。「短期」の「移動平均線」が、「中期」「長期」の「移動平均線」を下から上に突き破ることを**「ゴールデンクロス」**といって、**代表的な「買い」のタイミングを表すサイン**とされ、逆に上から下へ突き進むと**「デッドクロス」**という**「売り」サイン**となります。

【第二章 「高配当株」のこと、知りたいです！】

チャートの簡単な買いシグナルはお得な情報

移動平均線があるグラフにたくさんの黒や白の太い棒が並んでいるグラフを「**チャート**」といい、その棒のことを「**ローソク足**」といいます。

このローソク足は、株価の始値、終値、高値、安値で構成されており、**売買のシグナル**としても使われています。

白や黒のローソク足の上や下に細い線が描かれていますが、それは「**ヒゲ**」といって、どこまで買われたのか、どこまで株価が下げたのかがわかるようになっていて、このヒゲも売買のシグナルになっています。

次ページでローソク足とヒゲの代表的なシグナルの一部を紹介していますが、それぞれたくさんのシグナルがあります（本書ではすべてをご紹介できません）。

なぜ本書でチャートの簡単なシグナルを紹介しているのかといえば、株価は常に浮き沈みしており、株価によっては不労所得がパーになってしまうタイミングもありますので、**簡単な知識ですが身につけておいたほうがよい**と思ったからです。

長期における不労所得ですから、チャートも週足《しゅうあし》（週単位の株価チャート）、月足《つきあし》（月単位の株価チャート）のもので、株価の方向性だけでもチェックして欲しいと思います。

前項の「ゴールデンクロス」のほか、「買い」を示唆するシグナルとして、いくつかの指標が挙げられます。その一つが「ボリンジャーバンド」です。

「ボリンジャーバンド」は、統計学を応用した「テクニカル分析」の手法で、「移動平均線」の上下に**σ（シグマ）**というラインを引いたものです。株価が、－2σ、－3σのラインより下に位置する場合は、**明らかに「売られ過ぎ」**であって、やがて値を戻すことが予想されるため、**「買い」のシグナル**になります。

また、**「MACD《マックディー》」**というテクニカル指標も広く使われています。MACDの線とシグナル線の交差で売買のタイミングを見るもので、多くの証券会社のHPやアプリで利用できます。

本書では、それぞれの指標の一部の見方のみをご紹介しておりますが、不労所得を得るために、大きな株価動向をこのような指標で見てわかるようになれば、得る金額も変わるはずです。

チャートのローソク足に見る買いシグナル〈包み線〉

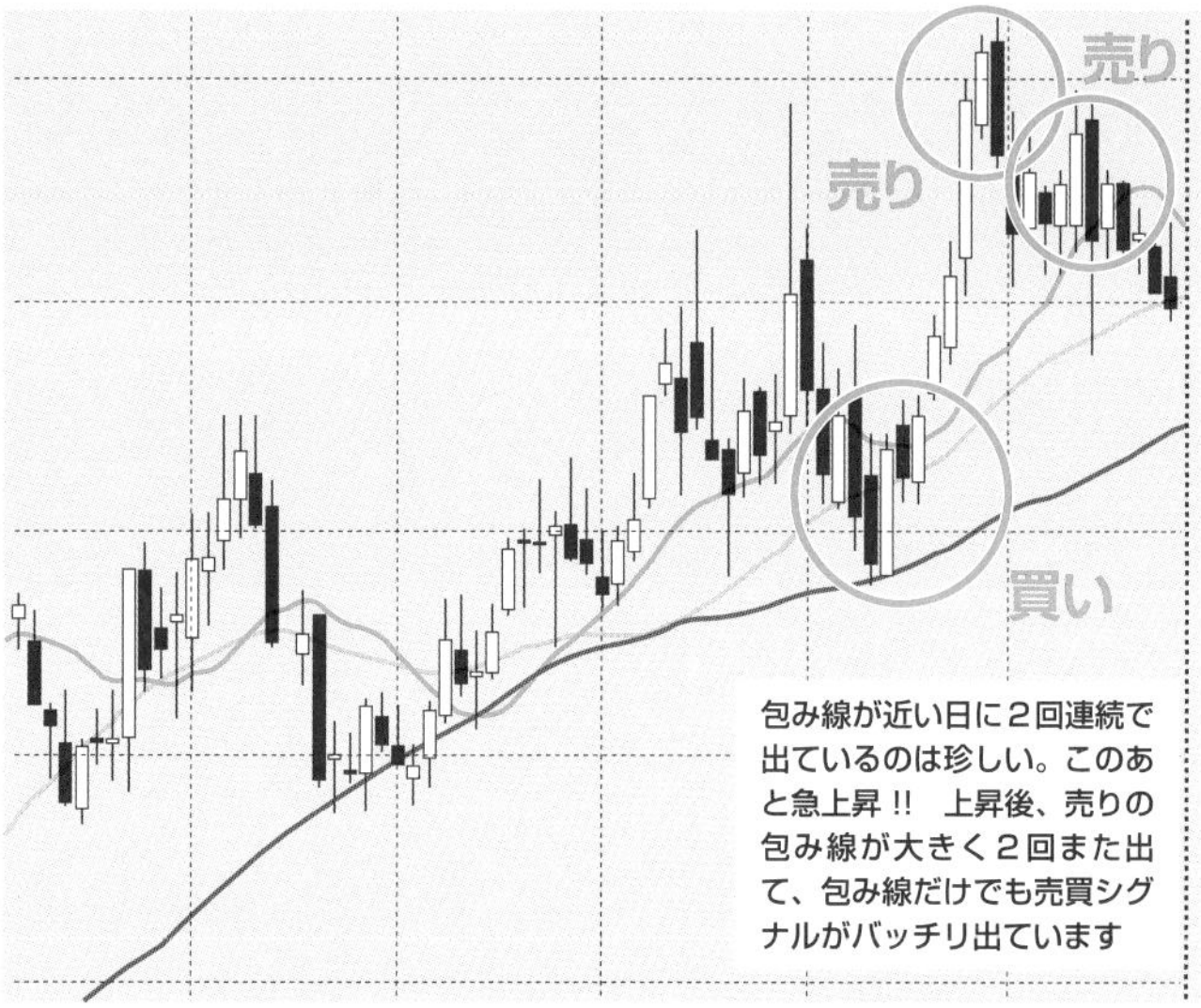

■ 包み線はチェックしよう!!

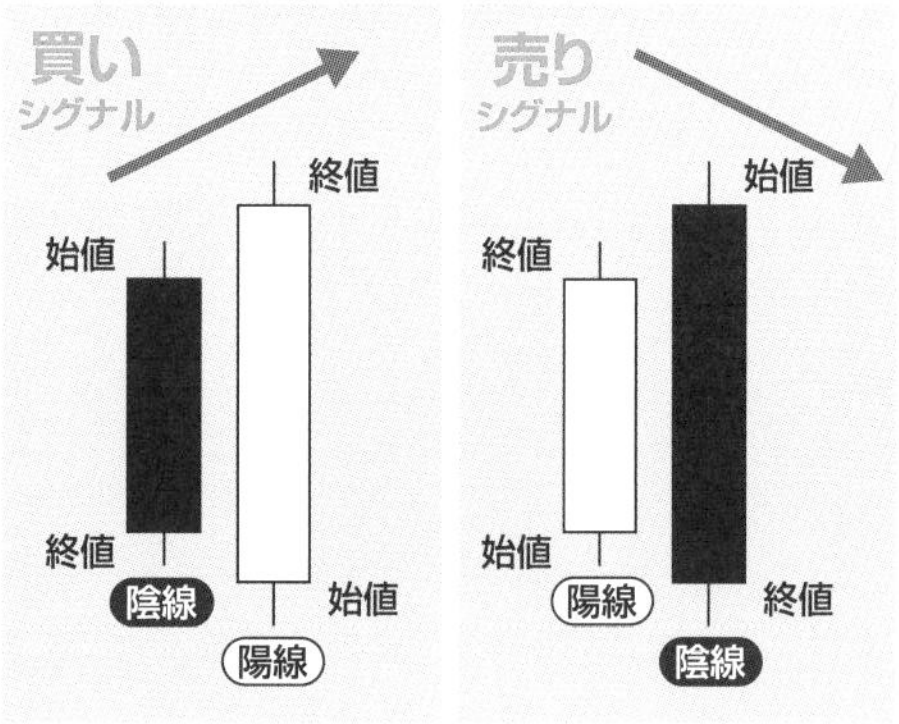

陰線の幅より陽線が長くなって包む感じになると「買い」のシグナル。逆に陰線が陽線の幅より長くなって包む感じになったら「売り」のシグナルです。

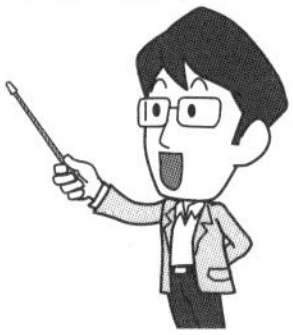

チャートのローソク足に見る買いシグナル〈ヒゲ〉

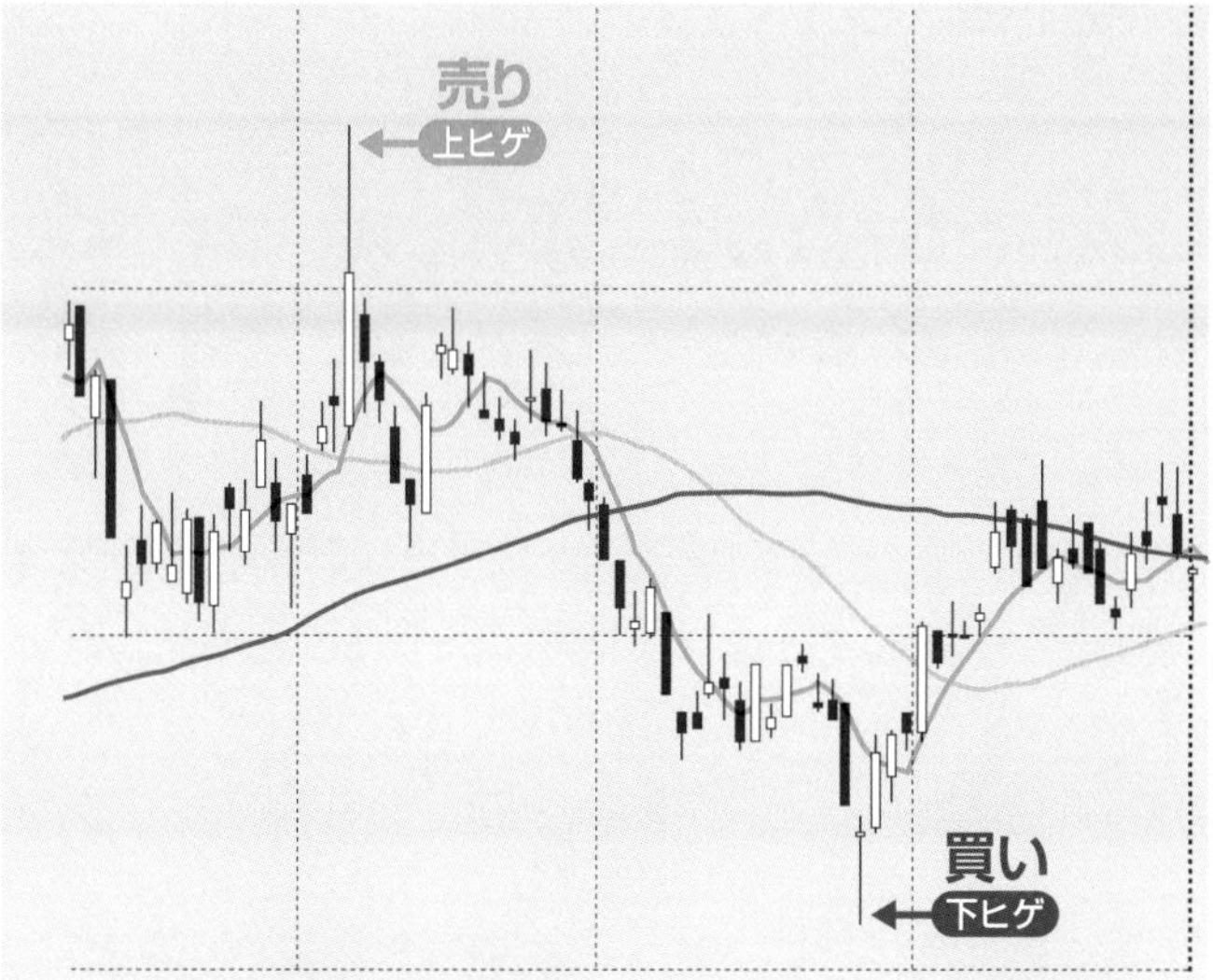

■ ヒゲはチェックしよう!!

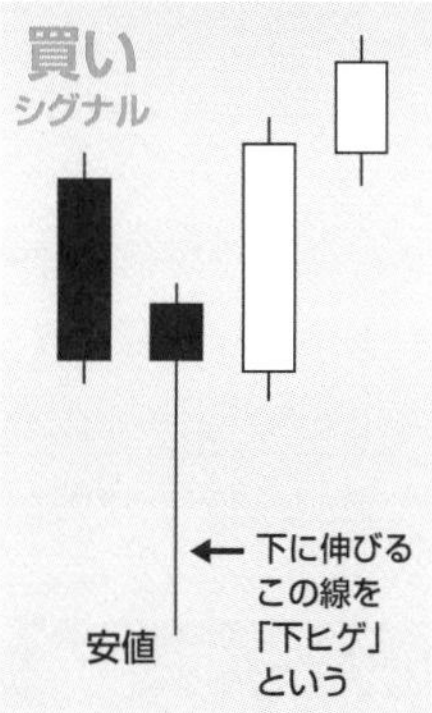

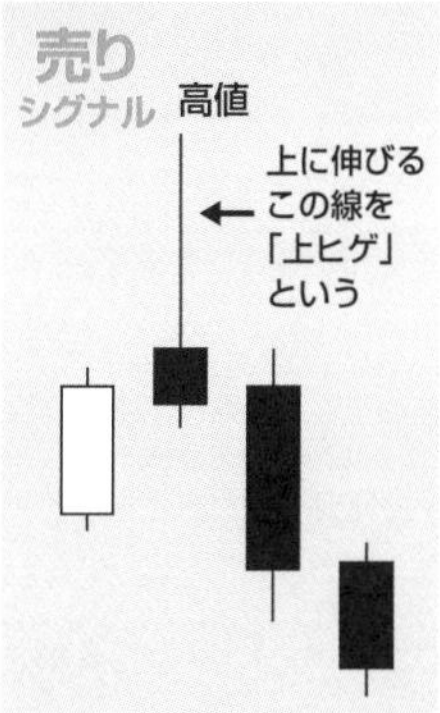

ヒゲは売られすぎると、下ヒゲという線になり、買われすぎると上ヒゲという線が出現します。単純に長いヒゲがそれぞれ出たら、買いシグナル、売りシグナルと覚えましょう。

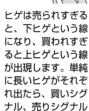

テクニカル指標のボリンジャーバンドの売り買いシグナル

例：日産自動車　7201

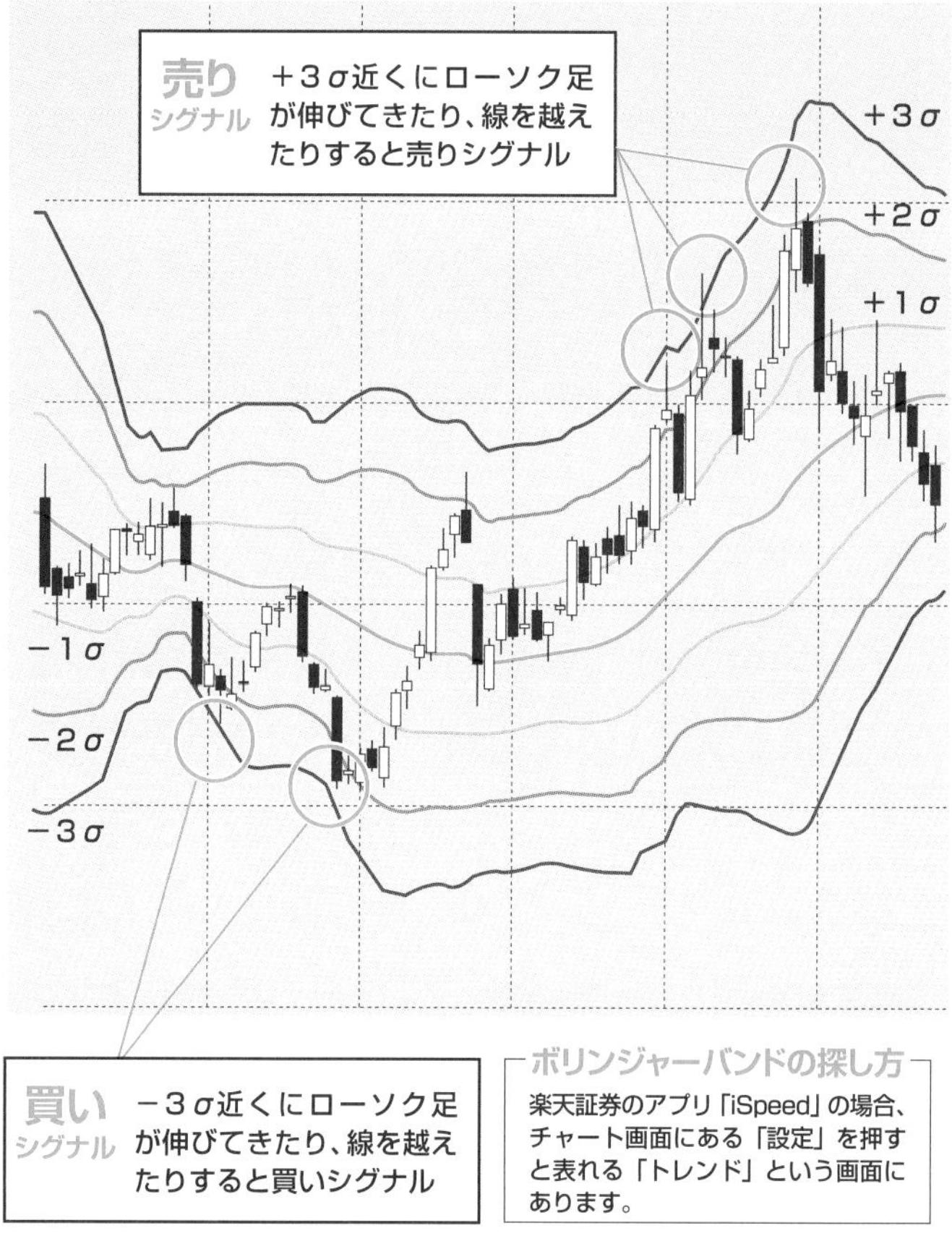
売りシグナル
＋3σ近くにローソク足が伸びてきたり、線を越えたりすると売りシグナル
＋3σ
＋2σ
＋1σ
−1σ
−2σ
−3σ
買いシグナル
−3σ近くにローソク足が伸びてきたり、線を越えたりすると買いシグナル

ボリンジャーバンドの探し方

楽天証券のアプリ「iSpeed」の場合、チャート画面にある「設定」を押すと表れる「トレンド」という画面にあります。

➡ **ボリンジャーバンドはシンプルに−3σや＋3σの線を越えたら相場は行き過ぎと思うのがいいです**

テクニカル指標のMACDの売り買いシグナル

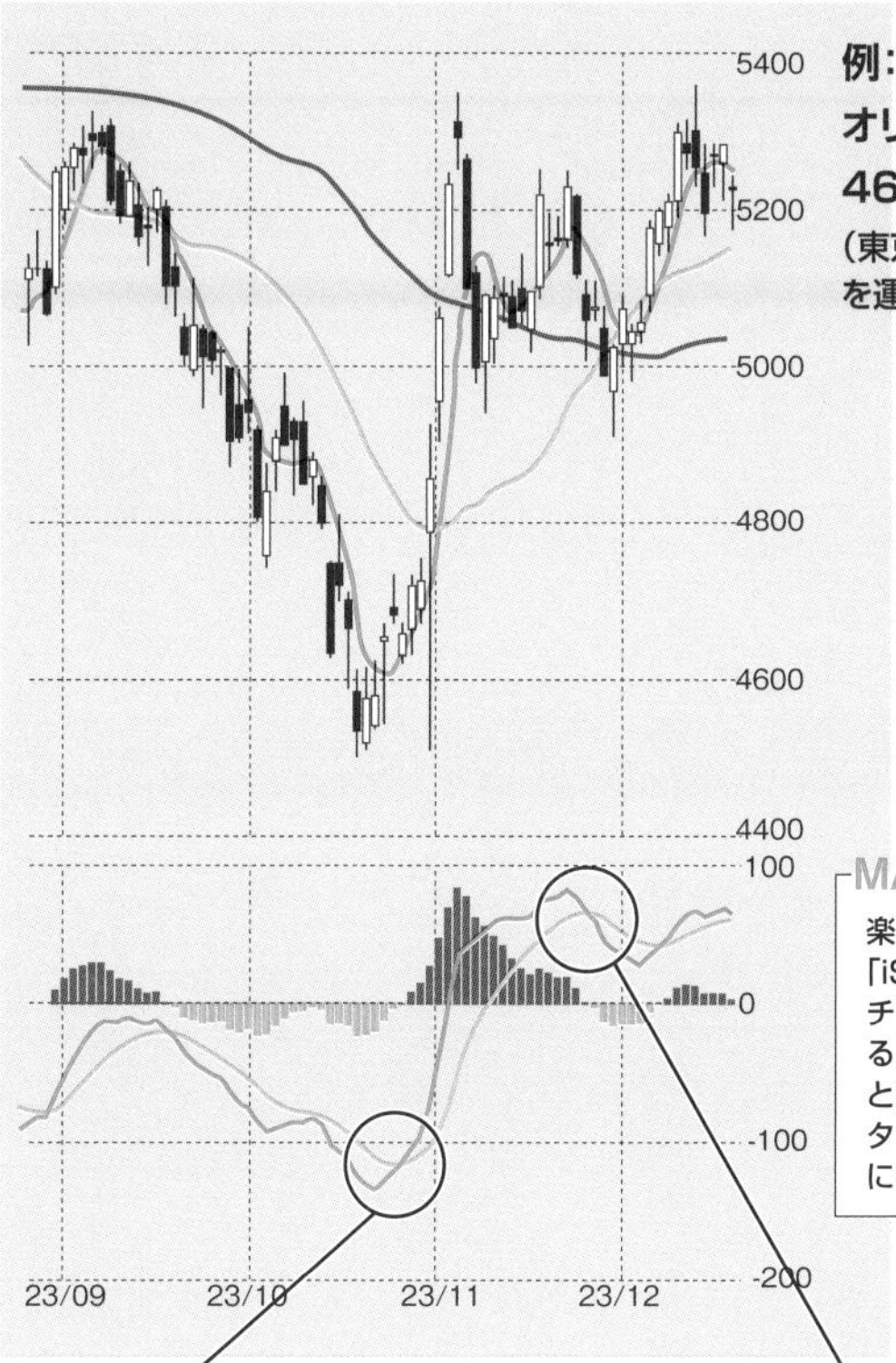

例：
オリエンタルランド
4661
（東京ディズニーランドを運営しています）

MACDの探し方

楽天証券のアプリ「iSpeed」の場合、チャート画面にある「設定」を押すと表れる「オシレーター」という画面にあります。

買いシグナル　MACDの線がシグナル線を上にクロスしたら「買いシグナル」

売りシグナル　MACDの線がシグナル線を下にクロスしたら「売りシグナル」

➡ MACDはシンプルにこのクロスした時期だけを見ていくのがいいです

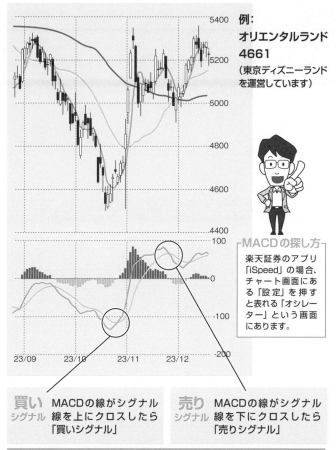

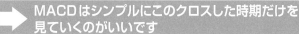

【第二章「高配当株」のこと、知りたいです！】

証券口座は懐に優しい0円手数料証券会社で！

２０２３年の夏、国内ネット証券の２強と呼ばれる「**ＳＢＩ証券**」と「**楽天証券**」が、業界を震撼させる衝撃的な発表をしました。両社がともに、**日本株のオンライン取引における売買手数料の全面的な無料化**に踏み切ったのです。

これは、２０２４年にスタートした「**新ＮＩＳＡ（少額投資非課税制度）**」を睨んで、一気にシェアの拡大と個人投資家たちの囲い込みを狙ったものであると推測されます。

いうまでもなく、証券会社にとって、株式の売買手数料は重要な収益の柱です。

ＳＢＩホールディングスが、この措置によって喪失する手数料収入は、**年間２００億円**ともいわれています。これだけの大金を失ってもなお、「新ＮＩＳＡ」で新たに大量の新規口座を獲得するなど、大いなるメリットがあるとの判断によるものと思われます。

投資家にとっては、**株式投資のコストが減少するのですから大歓迎**ですね。

日本株の売買手数料無料化

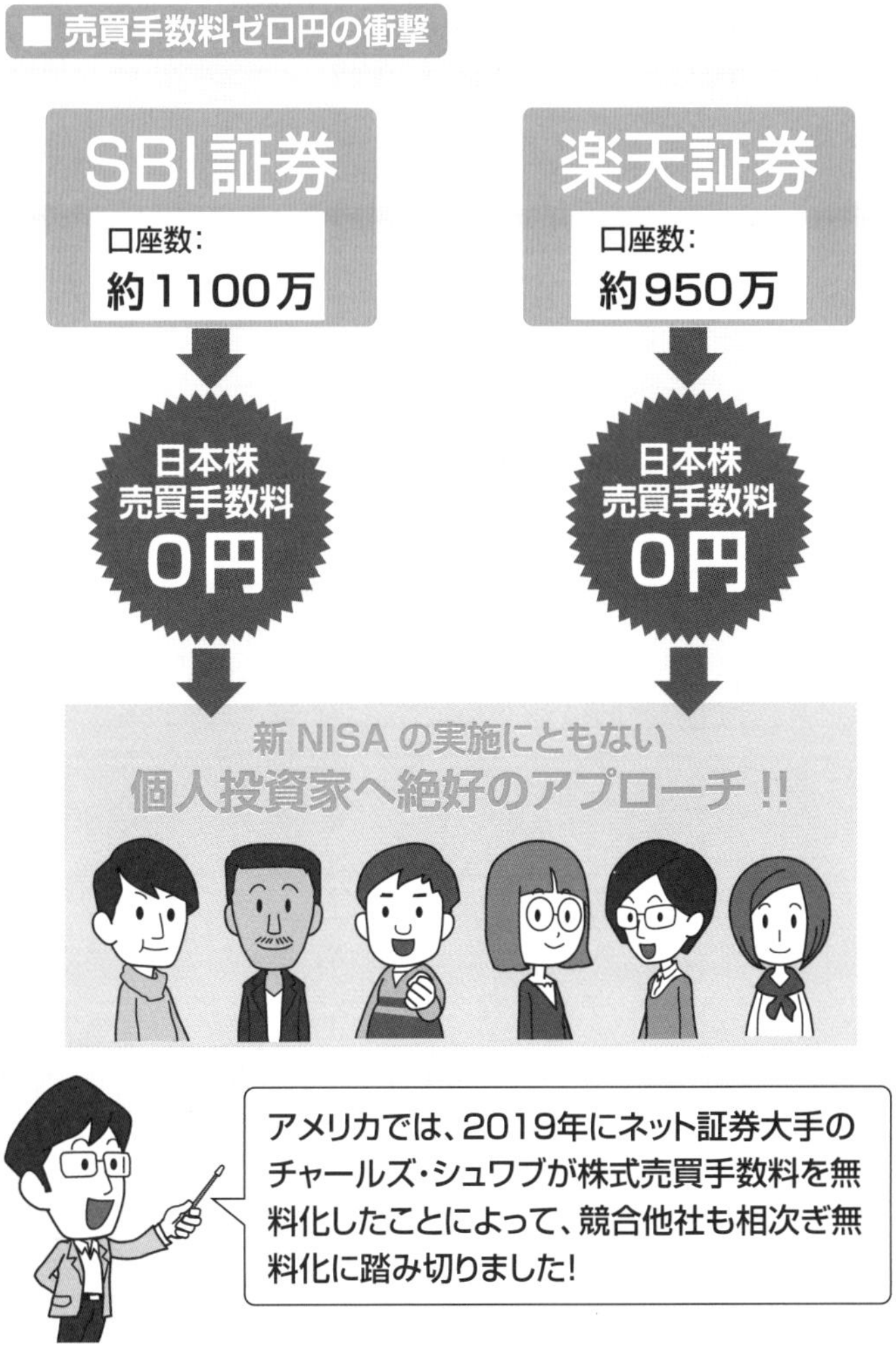
■ 売買手数料ゼロ円の衝撃
SBI証券
口座数：
約1100万
楽天証券
口座数：
約950万
日本株
売買手数料
0円
日本株
売買手数料
0円
新NISAの実施にともない
個人投資家へ絶好のアプローチ!!
アメリカでは、2019年にネット証券大手のチャールズ・シュワブが株式売買手数料を無料化したことによって、競合他社も相次ぎ無料化に踏み切りました！

コラム③　お金を節約することは不労所得と同じ

お金を節約するということは、出費がおさえられてお金が残る訳ですから、その分利益が出るのと同じです。

節約といっても様々なものがありますが、私は旅行好きなので、航空券、宿泊費、レンタカーについては、回数、日数が多いので料金とサービスの比較には時間をかけています。

比較に時間をかけるのは、それ自体が旅の一部で楽しいからです。

航空券は、「トラベルコ」「Ｓｋｙｓｃａｎｎｅｒ」「Ｔｒｉｐ．ｃｏｍ」、宿泊は「Ａｇｏｄａ」「ａｉｒｂｎｂ」などいろいろとのぞいています。

昨年からよく使っているのが「ａｉｒｂｎｂ」。民泊の世界的サイトです。日本でも年に数回使っています。古民家まるまるとか、マンションの一室とかを借りられるので、ホテルにはない楽しさがあります。

海外でもａｉｒｂｎｂを使って、コンドミニアムや一軒家に宿泊しています。

80平米の２ベッドルーム、２バスルームの広々とした部屋が1泊７０００円くらいで泊まることができます。同じ程度の部屋をホテルに当てはめたら、1泊数万円になりますから、それは節約になりますし、その分、お金が残ることになります。

サービスや物への支払いで、安価なものを探すのは、この本を読まれている読者の方ならやっていると思いますが、その差額は不労所得といってもいいのではないでしょうか。

第三章

「投信（投資信託）」も学びましょう

第3話　不労所得は蜜の味

おまえの持ってる株、配当がよかったんだって?

そうそう 将来は配当金生活だよ!

不労所得の醍醐味だよなあ〜 んじゃ、ここはおまえのおごりで!

そういう君も投信の分配金はどうなんだ?

毎月小遣いくれるものと 年に2回くれるものを持ってるけど この不労所得は蜜の味だよなあ〜

いくら出たんだ?
10数万円の投資で
2万円だぜ!
すげ〜!
この前調べていた
あの高利回りの商品だな
そうそう勉強のしがいがあるよ!
それからロボアドの積立も
始めて好調だよ
俺も小遣い貯めて次はそれいくよ!
ありがとう!
ここはゴチで!!!

【第三章　「投信（投資信託）」も学びましょう】

「投信」って何ですか？

「**投信**」の正式名称は「**投資信託**」。広く一般からお金を集めて大きな資金（ファンドといいます）としてまとめ、その資金をプロの専門家（ファンドマネージャー）に運用を任せる金融商品です。

投資家たちのお金を預かったファンドマネージャーは、株式・債券・不動産（リート）・金融派生商品（デリバティブ）など、**いくつもの金融商品にまたがって分散投資**します。

あなたが投資に関して完全な素人であったとしても、あなたに代わって、プロが運用してくれるわけですから、**自分でやるより高いリターンを期待することができます**。

もし、あなたが株式投資をやって、ある銘柄を１００万円分、購入したとしましょう。

その銘柄が暴落して半値になってしまったら、50万円の損失が出てしまいますね。しかし、「投信」のように株式・債券・不動産など、いくつかのジャンルに小分けしておけば、株式で損をしても、債権や不動産で損失分が帳消しにできるかもしれません。

これが「分散投資」の効果であり、「投信」は最初からこの「分散投資」の効果を内包した金融商品であるといえます。

ファンドマネージャーが運用する商品も多いですが、最近の流行はeMAXIS Slimや楽天、SBI証券などが出している、S&P500やオルカンといわれている**全世界株式関連の投資信託**でしょう。

この人気ジャンルの投資信託は、インデックス連動の商品で、米国株式市場のS&P500指数に採用されている企業の株式などに投資し、S&P500指数の変動率に一致させるように運用しているものもあります。簡単にいえば、**米国市場に投資するようなもの**で、**とても安全な商品の上、利回りがいい**ので人気があります。

ただ、このような指数連動の商品は、複利運用が多く、分配金を定期的に出す商品ではないので、不労所得を得るといっても、一部を売却してそれを所得と考えなければいけません。

定期的に不労所得を得るのであれば、**インベスコ世界厳選株式オープン**のような毎月分配金を出す人気商品もありますのでネットで検索してみましょう。

検索は、「**投資信託ランキング**」「**毎月分配金**」などのワードで調べることができます。

【第三章　「投信（投資信託）」も学びましょう】

「投信」ってどこで買えるの？

「投信」は90年代後半までは、証券会社でしか扱うことができませんでした。しかし、現在では、証券会社のほか、銀行、郵便局、信用金庫、信用組合、ＪＡなど、**数多くの金融機関で「投信」を取り扱うことが可能**になりました。取扱商品はそれぞれ異なりますが、いろいろなところで購入ができるようになったわけです。

「投信」を始めるには、まず、**銀行や証券会社に「口座」を開設**することが必要になります。申し込み方法は、預金通帳・届出印・身分証明書・マイナンバーなど必要書類を揃えて窓口で手続きするのが、一般的です。しかし、店舗を持たないネット証券で新たに口座を開設している投資家が急増しており、特に20～30代の若い方がとても多くなっています。

ネット証券の申し込み方法は、まずその証券会社のホームページへ行って、その指示に従って、口座を開設します。あらかじめ、「マイナンバー」「本人確認書類（免許証・健康保険証・パスポートなど）」「印鑑」「金融機関口座情報」などを用意しておきましょう。

口座開設申込書を請求して、それが届いたら、必要事項を記入して、署名・捺印。必要書類を添付して、ネット証券に送付します。証券会社の審査を経て、晴れて口座開設完了という運びになります。担当者にアドバイスをもらって、どの「投信」を購入するかじっくり考えたい人は、窓口で情報を聞くのもいいですが、今の主流はインターネット検索による情報収集だと思います。金融機関の窓口や担当者にはよく勉強している方もたくさんいますが、**インターネットの情報にはかないません**。

ただ、インターネットは苦手という方は証券会社店頭に行くのもありですし、銀行の場合、面倒な手続きも担当者が教えてくれ、その銀行に口座があれば国債、保険、ローンなどを総合的に判断してアドバイスがもらえます。証券会社の場合、「投信」ばかりでなく、株式・債券・ラップ口座（資産の運用を専門家に任せる金融サービス）など様々な商品がありますが、**勧められた商品はその場で即決せず、検討の時間を持った後に決める**のがいいと思います。ネット証券の場合、実店舗を持たないため、取引手数料が安い、24時間いつでもネットで取引可能などの魅力があります。

自分の事情にマッチした、長く付き合うことができそうな金融機関を選びましょう。

【第三章「投信（投資信託）」も学びましょう】

「投信」の仕組みをわかりやすく教えて

繰り返しになりますが、「投信」におけるお金の流れは、以下の通りです。

銀行・証券会社などの「販売会社」が、広く「投資家」から資金を募集し、集めたお金を「信託銀行」に付託して、保管・管理（分別管理）してもらいます。「運用会社」のファンドマネージャーが「信託銀行」に指示を出し、「信託銀行」はその指示に従って株式・債券・不動産（リート）などを購入し、資金を運用していきます。結果、収益が発生した場合は「信託銀行」から「販売会社」に資金が差し戻され、「分配金」「償還金」として投資家たちに還元されます。

「投信」で得られる利益には、以下の2種類があります。

①「売却益（キャピタルゲイン）」

②「分配金（インカムゲイン）」

「投信」の仕組み

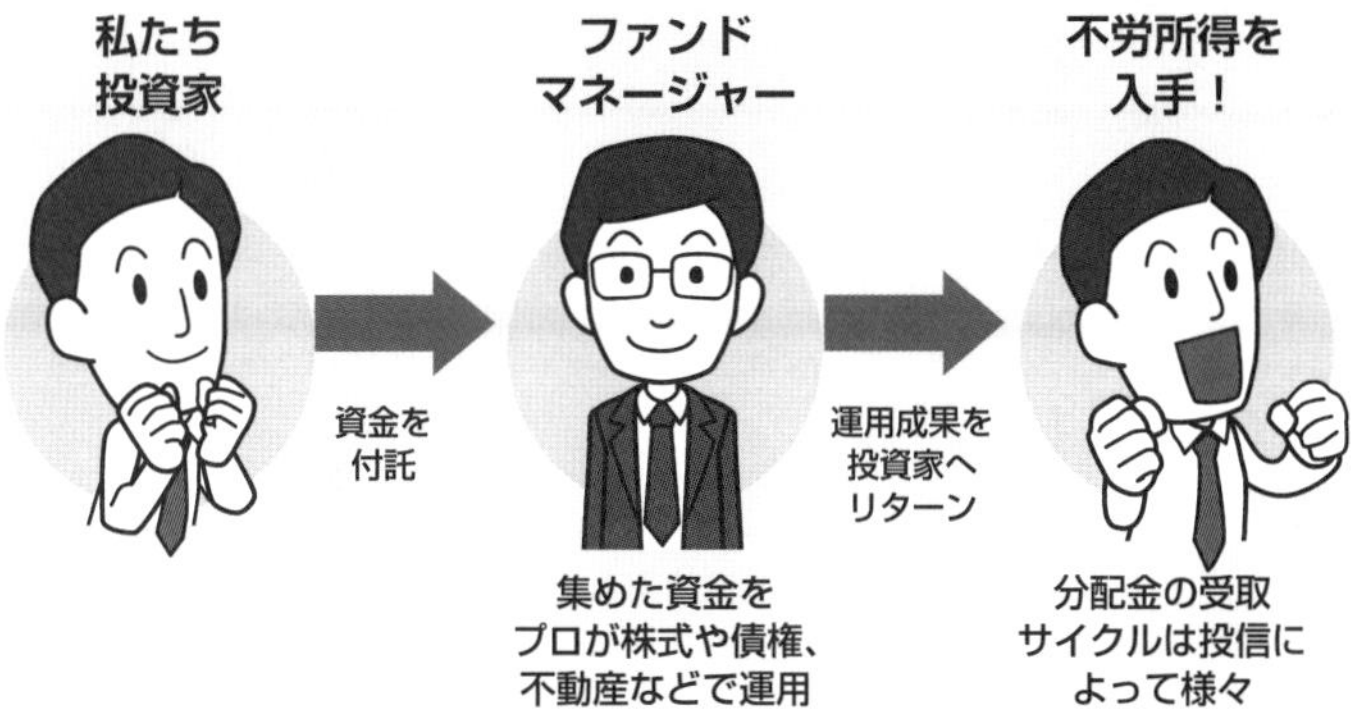

「投信」の値段とは、「**基《き》準《じゅん》価《か》額《がく》**」のことを意味しています。

①の「売却益（キャピタルゲイン）」とは、「投信」を購入した時より、売却した時の基準価額が上回っている時に得られる利益でした。

②の「分配金（インカムゲイン）」は、「投信」の運用期間中に値上がり益や配当、利息などが発生して、資産の一部が口数に応じて分配されるものです。

「投信」で得られた利益には、所得税・復興特別所得税・地方税の合計20・315％の税金がかかります。「投信」での売買で注意するのは、税金だけでなく、購入時の販売手数料もあります。**手数料は0円から3・85％程度と幅があります**ので、必ずチェックは必要です。

【第三章　「投信（投資信託）」も学びましょう】

「投信」のメリットとデメリット

「投信」のメリットは、ざっと以下の通りです。

①少額で始められる

株式・債券投資の場合、ある程度、まとまった資金が必要なですが、「投信」ならば**1万円程度から気軽にスタート**させることができます。

②プロが運用してくれる

資産運用のプロがあなたに代わって、あなたの資産を運用してくれます。

③「分散投資」の効果を活用できます。

「投信」では、小口のお金をまとめて一つの巨大なファンドを形成することによって、**「分散投資」によるリスク軽減を狙う**ことができます。

毎月決算型の投信で毎月不労所得を受け取る

例：インベスト世界厳選株式オープン〈為替ヘッジなし〉

決算日	2021 12/23	2022 1/23	2022 2/24	2022 3/23	2022 4/24	2022 5/24	2022 6/23	2022 7/24
分配金	150円	150円	150円	150円	150円	150円	150円	150円

2022 12/23	2023 1/23	2023 2/24	2023 3/23
150円	150円	150円	150円

・基準価額9,162円
(2023年12月20日現在)

・上記商品購買手数料
楽天証券、SBI証券、マネックス証券、auカブコム証券、松井証券　0円

そして、「投信」のデメリットは以下の通り。

①元本保証がない

「投信」は、預貯金や国債のように元本を保証する金融商品ではありません。運用実績が芳しくなければ、**元本割れを起こす可能性**もあります。株式投資と同じです。

②手数料が安くないこともある

販売手数料は0〜3・85％ほどとまちまち。また。保有していると**信託報酬**もとられる。

③株式のようにタイムリーな売買ができない

利益が出るまで時間がかかることが多い。あくまでも長期的視点で。

【第三章　「投信（投資信託）」も学びましょう】

タコの足食いのような投信はＮＧです

「**タコ足配当**」、いわゆる「タコ配」は、**タコが食べるものがないときに自分の足を食べるという現象**が起こることに由来しています。

「投信」の場合、実際には運用がうまくいっていないのに、**原資を食い潰しながら、過剰な「分配金」を提供していること**を意味します。

個人投資家の間で、一時期、「**毎月決算型投信**」が人気を博したことがありました。

月末のお給料のように、毎月毎月、定期的に収入があればいいなという、投資家たちのニーズがあったと思われます。

高い「分配金」を提供できるので、一見、魅力的なファンドに見えるのですが、内実は元本を食い潰しているだけで、これでは、投資家たちに対して、「うちはこんなに業績を上げている」というウソの情報を提供しているのと変わりません。

分配金の利回りが高いから購入したのに、分配金は毎月支払われるけれど、**基準価額もどんどん下がるのでトータルで考えると損**ということが起きます。

さして収益があがっていないのに、商品の魅力を糊塗するために、成績以上の「分配金」を出している状態が長く続いたら、**売却を検討するほうが賢い**でしょう。

では、どうすれば「タコ配」の「投信」を避けることができるのか？

購入前のチェックで、**「基準価額」が下がっているのに「分配金」は高いままというのは、要警戒**です。また、好調な実績が続いていても、必ず定期的な運用実績は見ていく必要があります。

また、「分配金」には、資金の運用による収益から出される「普通分配金」と、非課税である「特別分配金」がありますが、これは「タコ足分配」であると思っていいでしょう。

なぜなら、「特別分配金」は、収益から出されたものではないので、税金がかからないからです。

毎月、高い「分配金」がもらえて喜んでいたら、**いつの間にか元本が半分以下になっていたということもあり得ます。**

「タコ配」には要注意‼

【第三章「投信（投資信託）」も学びましょう】

「基準価額」って何？

前項で説明した通り、「基準価額」とは**「投信」の総資産額を総口数で割ったもの**です。

そして「口数」とは**「投信」の取引単位**のことです。「総資産額」は、ファンドの時価総額に利息や配当金を加算し、「運用会社」や「信託銀行」の「信託報酬」を差し引いたものです。

「運用会社」が投資した株式・債券・不動産（リート）などの日々の値動きによって、毎日、変化します。それを受けて**「基準価額」も1日に1回更新**されます。

「基準価額」を変化させる要素として、

①投資先の株式や債券の値動きの変化
②配当金の流入
③「分配金」の支払いによる「基準価額」の下落
④ファンドへの新たな資金の流入・流出等

があります。

「投信」の場合、「基準価額」は**ほとんど1万円からのスタート**になります。従って現在、1万2000円の時価をつけている「投信」と8000円の「投信」があったとすれば、前者は募集開始から2000円上昇していることになり、後者は同じく2000円分、「基準価額」が下落していることになります。

一見すると、前者が価格上昇で好成績をあげているように見えますし、後者は成績不振のため、ファンドの価値が下がっているように見えますね。

しかしながら、そのファンドが「分配金」を出せば、その分「基準価額」は下がりますし、分配金を出さない商品で運用がうまくいっているなら、基準価格は積み上がっていきます。新聞の投信欄を見ていると1万円を切っている商品がたくさん見受けられますが、すべてが運用成績が思わしくないからスタートの1万円を切っているわけではありません。

もうひとつ、「基準価額」はその**ファンドが設定された日の状況**によっても変わってきます。日経平均株価が2万円の時に設定された「投信」と、2万5000円の時に設定された「投信」では、「基準価額」は大きく異なってきます。**「基準価額」は、「投信」の成績の優劣や割安・割高を表すものではない**と覚えておきましょう。

【第三章「投信（投資信託）」も学びましょう】

「投信」の利益は「分配金」と「譲渡益」

投信における定期的な不労所得は、主に「分配金」目当てだと思いますが、「分配金」は毎月出るものと年に１回や２回、４回と様々なものがあるので、**不労所得を手にしたいタイミングに合わせて少しずつ所有商品を積み上げていく**のも楽しいです。

左ページの商品リストは、あくまで参考例ですが、たとえば左の表にあるＧＳ日本株・プラス（通貨分散コース）なら、購入手数料は０～３・３％かかりますが、１口１万円からスタートでき、２０２３年７月から**毎月80～420円の分配金**が手に入っています。

1万円程度の投資で年間2000円以上の不労所得が手に入る商品がいくつもあるのは、楽しくなりますね。分配金だけでなく、投信の投資内容によって、この先の値上がりも期待できる楽しみもあります。海外マネーがどんどん入っている日本証券市場や安定の米国株、いま人気のインド株など、いろいろな投信を見ていくのはひとつの楽しみです。

投信分配金例

ファンド名	基準価額（円）	分配金（年間）	分配金利回り（%）
ニッセイJPX日経400アクティブファンド	11330	3400	29.56
NZAM日本株好配当オープン	11971	3150	27.52
ROE向上・日本厳選株式ファンド	10804	2,472	24.65
しんきん好配当利回り株ファンド	11061	2600	24.27
日本株・アクティブ・セレクト・オープン	11134	2400	23.03
次世代米国代表株ファンド	10890	2267	22.52
GS日本株・プラス	11125	1860	22.33
社会課題解決応援ファンド	15563	3300	21.78
米国インフラ・ビルダー株式ファンド	16755	3100	19.76
朝日ライフクオンツ日本株オープン	11856	2100	17.92
ダイワ・ダイナミック・インド株式ファンド	10602	1350	15.13

【第三章「投信（投資信託）」も学びましょう】

「ノーロード」ってなんですか？

「投信」を購入するとき、最初に払う手数料を「ロード（LOAD）」と呼びます。

「ノーロード」とは、「NO　LOAD」、つまり、**購入時に手数料がかからない「投信」**を意味しています。

「投信」を購入・保有する際、いくつかのコストがかかります。

①「販売手数料」（「投信」購入時にかかる。銀行・証券など、販売会社に支払う）
②「信託報酬」（「投信」保有中にかかる。販売会社・運用会社・信託銀行に払う）
③「信託財産留保額」（「投信」の解約時にかかる。「投信」の運用資産に組み入れられる）

「販売手数料」は、「投信」を購入した時、銀行や証券会社など、「販売会社」に支払うもので、通常、0～3％程度に設定されています。この手数料は、**「販売会社」が決めるもの**で、例え、同じ「投信」であっても、「販売会社」によってわずかですが手数料が異なっていることがあります。

最近では、ネット証券が「投信」の販売手数料を「ノーロード」にしているものも多くなってきています。日本人に人気の**eMAXIS Slim 全世界株式**とか、**eMAXIS Slim 米国株式**などはノーロード商品ですから手軽に購入できます。

投資家にとって、「販売手数料」が0円なのはうれしいことですが、前述のように「投信」の購入・保有にはほかに**「信託報酬」**と**「信託財産留保額」**がかかります。後者は少額で、ほぼ無視しても構わないところですが、「信託報酬」は毎月引かれていくので、長期保有の場合、**信託報酬の金額が高いと運用成績を圧迫する**可能性が出てくることもあります。

たとえ、「投信」購入時の「販売手数料」が「ノーロード」であったとしても、「信託報酬」を考慮して、トータルでどれだけのコストがかかっているか、把握することが重要です。**「かくれコスト」**なんていう方もいます。

同じような商品でも、この信託報酬に大きな差があるものがあるので、賢い読者のみなさんにはそこまでチェックしていただきたいと思います。

【第三章 「投信（投資信託）」も学びましょう】

ロボアドバイザーとは何ですか？

「ロボアドバイザー（以下、ロボアド）」とは、**AI（人工知能）によって資産運用のアドバイスをしてくれるサービス**のことです。ネットを経由して、あなたの資産を診断したり、投資に関する提案をしたり、資産配分（最適化）をしたり、実際に資産を運用してくれるサービスを意味しています。

「ロボアド」の利用方法は、とても簡単です。

①投資家が、「ロボアド」事業者のサイトにアクセスして、「年齢・資産・リスク許容度」などを画面の指示に従って入力する。

②「ロボアド」が、入力された情報を解析して、最も適したポートフォリオを提案する。

③投資家が、「ロボアド」の提案を了承する（投資家の意思で変更可）

主なロボアドサービス

サービス名（社名）	特徴
ウェルスナビ	5パターンの資産配分提供
テオ（お金のデザイン）	SMBC日興証券の口座から投資可能
楽ラップ（楽天証券）	楽天証券の口座から投資可能
オンコンパス（マネックス証券）	ETF通じ約80カ国に分散投資
ロボプロ（フォリオ）	AIで市場予測
おまかせ運用（チア証券）	500円から投資できる

ロボアド大手5社の資産残高

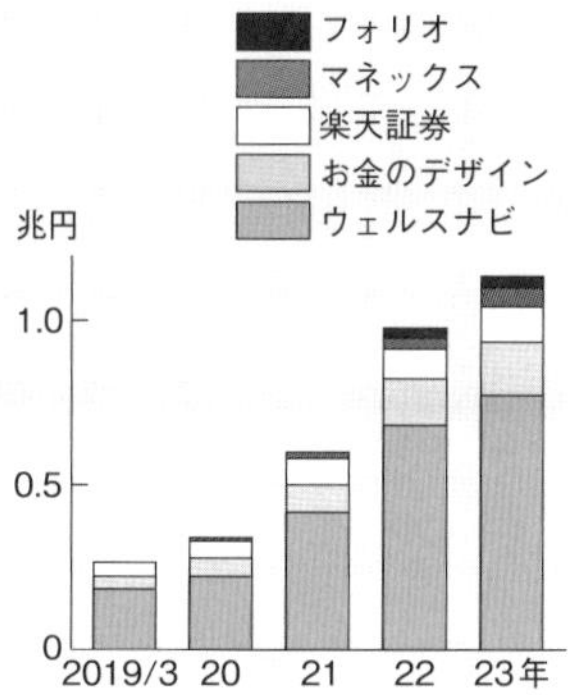

出典：日本投資顧問業協会、日本経済新聞（2023年8月18日）より

④「ロボアド」が「ポートフォリオ」に基づき、資産を自動運用する。

「ロボアド」には、投資家にアドバイスだけを行う**「アドバイザー型」**と、助言と運用を行う**「投資一任型」**があります。

「一任型」は基本無料で利用可能ですが、年率1％ほどの手数料がかかります。「一任型」で最大手の「ロボアド」は、CMで有名な**「ウェルスナビ」**です。

ウェルスナビでは、新NISA対応の「おまかせNISA」という、**つみたて投資枠と成長投資枠の二つの非課税枠を同時に活用できるサービス**を行っていて便利です。

コラム④　一生涯年間計画

2023年の男性の平均寿命は81・05歳、女性は87・09歳。普通の生活が送れる健康寿命は、男性は約72歳、女性は約75歳です。

いつ自分の寿命が終わるかはわかりませんが、この年齢を参考に一生涯のお金の年間計画を私は作成しています。好きな旅行をこれからどのくらいできるのか、今後の収支をアバウトではありますが把握しておきたかったのです。

このような年間計画表は、不労所得を手にする方にも必要だと思います。自分のお金の「見える化」は、必ず投資姿勢に影響するはずです。

一生涯年間計画表では、公的年金、個人年金、不動産や仕事での収入と、生活費や将来の介護生活の費用などの支出を計算しています。

複雑なのは、税金や健康保険の計算です。年金はいろいろ差し引かれるため、意外と手取りは少なくなりますし、個人年金も課税されますからその分を計算しないといけません。

2人の息子の結婚費用、家の補修、車の買い替え、介護施設の入居費用や生活費の年齢による変動、海外旅行も今のように年に60日間以上も行けなくなりますが、旅行の質は上げたいとか様々な計算をしながら作成しています。

このような計画表は、細かく作っても、時代とともに変化していくものですから、あくまで参考程度ですが、心の安心を作ることへの効果はバツグンです。

不労所得を手にしても、ザルのようにお金が流れていくようでは大きな資産には結びつきません。ある程度は計画も必要だと私は思います。

第四章

ポートフォリオの組み立て&失敗しないために

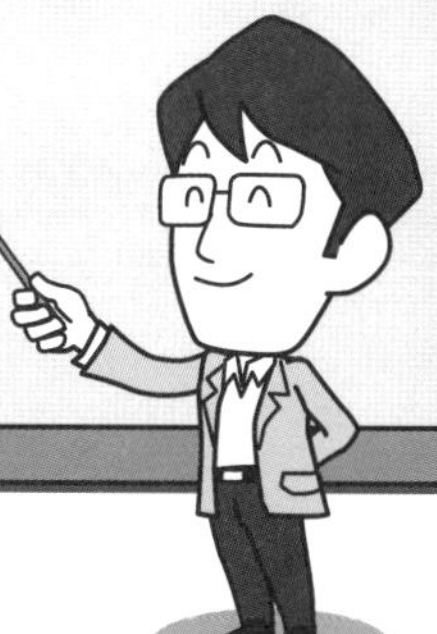

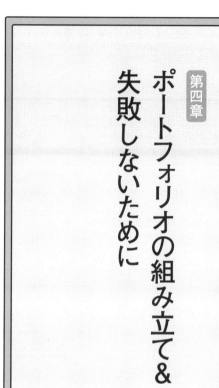

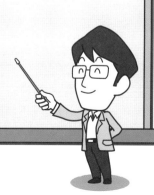

第4話　投資話でもらい泣き

先日実家に帰ったらお母さんが
夕食のとき、投資の話を始めちゃって
みそ汁ふいちゃったのよ
え？
お母さんそんな風だったっけ？
今の流行はeMAXIS Slimよ！
ってさ、年金だって！
賢いねぇ〜
お父さんからもすごいこといわれたの
何？

生前贈与で500万円やるから
おまえも新NISAで投資
しておきなさい!って
うわ、でかい話だ!
今のうちにお母さんと
同じものを買って寝かせておけば
思い通りの人生になるって
いい親じゃない!
実は私そのとき社会人になって
親の前で初めて泣いちゃったのよ
私も…泣けてきた

【第四章　ポートフォリオの組み立て＆失敗しないために】

改めて知る「分散投資」の効用

「卵をひとつのカゴに盛るな」

これは、投資の世界でもっとも有名な格言のひとつです。

その意味は、卵をひとつのカゴに盛っていると、何かの弾みでそのカゴを落とした時、卵がすべて割れてしまう、つまり、**「資金の全額を失ってしまう」**という意味です。

すべての投資資金を株式なら株式のみ、債券なら債券のみ、不動産（リート）のみなど、ひとつの対象に集中して投入すれば、何か大きなトラブルが発生した時、**甚大な損失を被ってしまう**可能性があります。

しかし、株式・債券・リートなど、投資の対象を分けておけば、例えば、株式相場が暴落した場合であっても、**損失は小さくて済みます**。

株式と債券は、一般的に異なる値動きをする傾向があって、株価が下落しても、債券の値上がり益で、それをカバーできる可能性が高いといわれています。

金融商品の分散ばかりでなく、**投資の対象国を「日本国内」「米国」「新興国」などに振り分ける**ことでも、リスク分散が可能です。

「日本国内」ならば為替リスクを考慮する必要がありませんし、永遠に若い国であり続ける「米国」ならば、安定した成長を期待することができます。多少、リスク性向が高くても、成熟した先進国よりずっと高い成長率を期待できる「新興国」は、投資の対象としてとても魅力的です。

また、「積み立て投資」も、**有効なリスク分散の手法**であるといえます。

株式であれ、債券であれ、投資信託であれ、時価は刻々と変化していきます。価格が高い時もあれば、安い時もあるということです。

毎月、一定額をコツコツと積み立てて、金融商品を定期的に購入していけば、商品の値段が高い時には少ない口数を、安い時にはより多くの口数を購入することができて、**平均して買い付け単価を下げる効果が期待できます**。為替についても同様です。

投資に不慣れな初心者の方でも、または、投資のために時間を割けない方であっても、相場の動きを睨んだりすることなく、安定的な資産運用を図ることができます。

定期的に利益を受け取りたいなら…

■ 不労所得生活は分散投資が基本

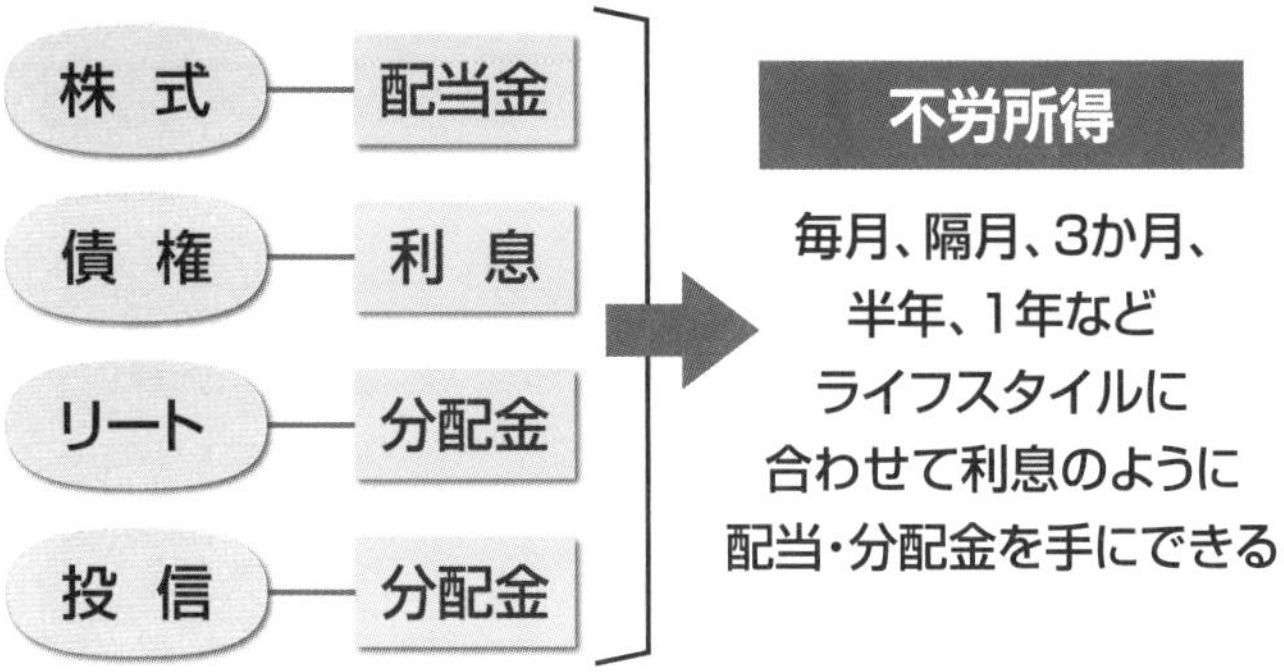

■ 筆者の分散投資例

毎月・毎年ごとに利益を受け取らず 将来大きな不労所得を受け取るなら…

■ 将来大きな不労所得を得るためのポイント

株式	配当はそこそこでも、世界的に有名な銘柄を持ち続ける
債権	日本の社債は業績が傾かないような企業のもの。米国債は利回りがよく、利下げがスタートすれば2024年以降は買い場到来!!
リート	分配金実績を見て、しっかり分配されている商品をコツコツ購入。リートはオフィス、倉庫、ホテルなど需要によって賃貸収入が左右するので、投資先の内容もチェック
投信	タコの足食いのような基準価額が下がっていく傾向の商品は避け、基準価額も上昇しつつ、分配金も高い商品を積み上げる
金属 他	東証に上場しているETFやETNという商品に金、銀、プラチナ、原油などもあり、現物でなくても株のように売買できる

【第四章　ポートフォリオの組み立て＆失敗しないために】

まずは「リスク許容度」を確認しよう

「**リスク許容度**」とは、投資という活動において自分がどれだけのリスクを取れるか、言い換えれば、**自分がどれだけの損失に耐えられるか**ということを意味しています。

投資を始めると買った商品はすべて値上がりし、不労所得も計画通りにバカスカ入ってくると思う方がいます。長期投資の舞台に立てない方は、資産の目減りに堪えられなくなり市場から退場してしまうので「**リスク許容度＝自分のことを知る**」ことは、とても大切だと私は思っています。自分の「リスク許容度」の確認には、いくつかのポイントがあります。

①**年齢**：投資活動期間が長ければ、商品に損失が出ても長く保有することができるので、再度の値上がりを期待することができます。リスク許容度は高くなります。

筆者が考える不労所得を得るために大切なこと

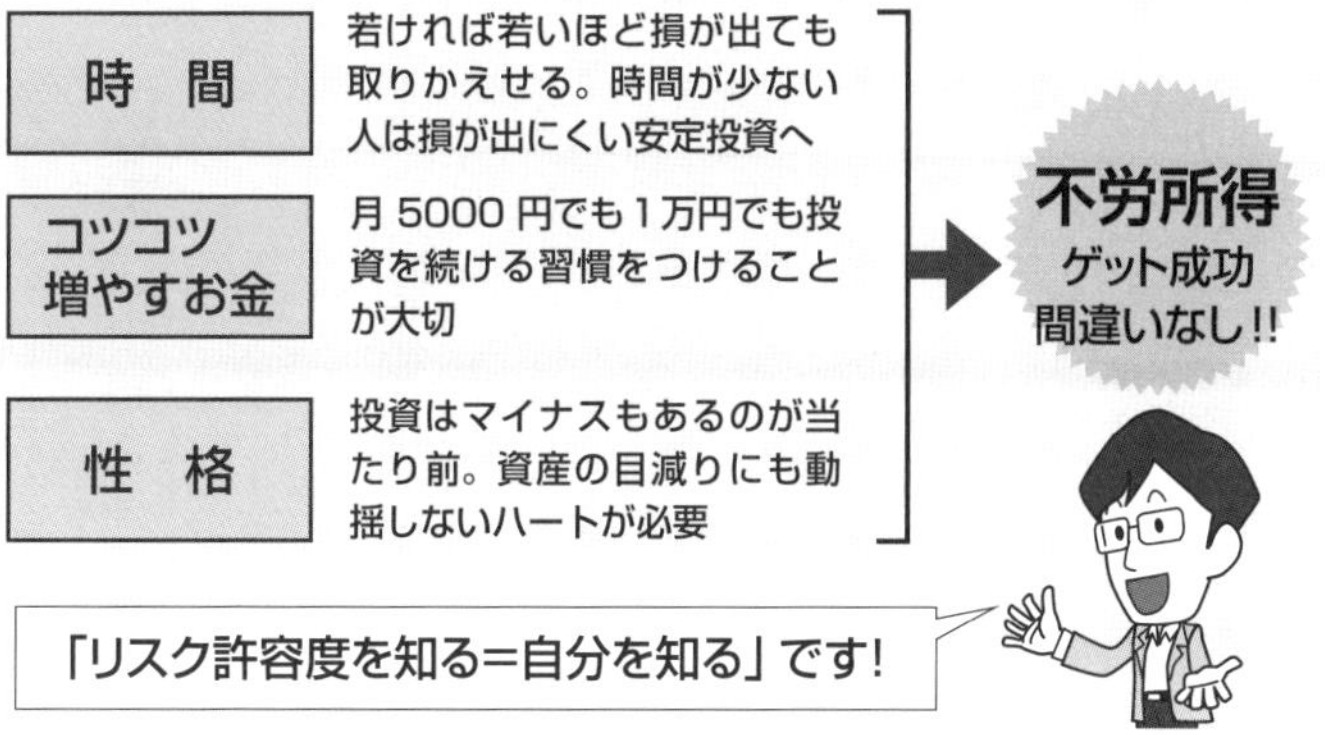
時　間
若ければ若いほど損が出ても取りかえせる。時間が少ない人は損が出にくい安定投資へ
コツコツ増やすお金
月5000円でも1万円でも投資を続ける習慣をつけることが大切
性　格
投資はマイナスもあるのが当たり前。資産の目減りにも動揺しないハートが必要
不労所得
ゲット成功
間違いなし!!
「リスク許容度を知る＝自分を知る」です!

②**収入**：年収が多い人やこれから多くなるだろう人は、当然、投資に使える資金も大きく、「リスク許容度」が高く、収入増を期待できない方は「リスク許容度」が低いといえます。

③**資産**：投資に回せる資産が多いとリスクの許容度は高くなるので心のゆとりが生まれます。

④**ライフイベント**：家族構成によってリスクの範囲が変わってきます。ライフイベントが多いか、そのイベントの出費予定によっても異なります。

⑤**経験・性格**：投資の経験や技能があると損失を取り返せる可能性は高いです。資産の目減りに抵抗がある人はリスク許容度が低いです。

【第四章　ポートフォリオの組み立て&失敗しないために】

必要なのは価格の上下に一喜一憂しないこと

本書が追求するのは、**「ほったらかし投資」の不労所得**です。

最初にしっかりとしたシステムを構築して、あとは文字通り、寝て起きたら、または仕事をしている最中に**お金が勝手に増えてくれる**ことを目指しています。

あなたが投資に必要な勉強や研究に割く時間が持てない、忙しいビジネスマンであっても、まったくの投資未経験者であっても、ずぼらな性格をしている人間であったとしても、**「長期」「積み立て」「分散」という投資の「王道」**に沿って、日本経済・世界経済の発展に乗っかって、着実に自分の資産を増やしていきましょう。

世界の人口はこれからも増え続け、年率１・２％増で、１年間に人口が７７００万人増加して、２０５０年までに世界の総人口は、97億人に達するといわれています。

世界経済は、これからも着実な成長を続けるものと判断できます。私は乱暴ないい方をするならば、**「人類が地球にいる限り、株価・物価は上昇し続ける」**と思っています。

ただ、「分散投資」の対象として、株式を組み入れた時、株価は購入した時点より、大きく下げることもあるでしょう。そんな時は、焦って**「損切り」**[※]したくもなりますよね。

世界株式の代表的な指数である「MSCI指数」を見ると、短期的には激しい上下動を繰り返しているのがわかります。

しかし、トータルで見ると、**年率5%以上のリターンを出している**ことがわかります。

この指数に連動する「eMAXIS Slim」（全世界株式　オール・カントリー）という「投信」を買って、あとはほったらかしておけばOKと考える日本人はとても増えています。

長期投資なら、日々の値動きに一喜一憂する必要はないと思っています。

ただ、「ほったらかし投資」といっても、システムを構築したら、あとは何もしなくていいというわけではありません。最低でも、**1年に1回は「ポートフォリオ（投資商品の組み合わせ）」の見直しを行いましょう**。「ポートフォリオ」に組み込んだ「株式」「債券」「投信」などは、当然、価格が変動します。利回り等を考慮して入れ替えていくことも必要だと思います。

※**損切り**…買った価格より下落して、損失が出た金融商品を見切って売却すること。

【第四章　ポートフォリオの組み立て&失敗しないために】

生活資金は投資に回してはアウト！

前項で、「リスク許容度」を左右するいくつかのポイントを挙げました。**「年齢」「収入」「資産」「ライフイベント」「経験・性格」**の5項目でした。

不労所得を手にする**長期投資において「ライフイベント」はとても重要な要素**といえます。

独身者の場合、当然、「リスク許容度」は高くなります。大きな損失が出たとしても、ダメージを被るのは本人だけです。

しかし、家族がいる場合は、投資の失敗による金銭的なダメージは、本人ばかりではなく、家族全体にのしかかってきます。つまり、「リスク許容度」が低いといえます。

資産運用を考える時、資金は以下の三つに分類できるといわれています。

①**余裕資金**…当面使う予定のない資金です。「準備資金」「生活資金」に比べて投資の自由度が

高く、積極的な運用に回しても問題がないと判断できるお金です。

②準備資金…近いうちに使うことが予定されている資金です。子供の教育資金やマイホームの購入資金、自宅のリフォーム費用などが、これにあたります。

③生活資金…日々の生活のため、絶対に必要な資金です。賃貸なら家賃や家族の食費、電気・ガス・水道・電話・ネットの接続手数料など、生活全般に必要とされるお金のことです。

「余裕資金」の場合、例え、損失が出たとしても生活に対するダメージが小さく、長期運用で損失をカバーできる可能性が高いため、**積極的な運用に向いている**といえます。

「準備資金」の場合、使途が決まっているため、ハイリスクの商品ではなく、**元本保証とある程度のリターンが期待できる商品への投資が望ましい**と考えられます。

「生活資金」の場合、じっくりと投資できるお金ではないので、**使ってはいけないもの**です。資金の振り分けはとても大切なことですが、投資が好調だとついこの振り分けを忘れてしまう方もいるので、資金分類を把握することが不労所得には大切です。

【第四章　ポートフォリオの組み立て＆失敗しないために】

不労所得において「時間」は「武器」になる

不労所得のためには、**中長期で商品を保有して、投資という舞台に立ち続けることが大切**です。日々の値動きに一喜一憂せず、大きくかまえて突き進みましょう。

と、抽象的な心がまえだけでは不安でしょうから、左のチャートで確認していきましょう。見る点は２点です。

一つ目は、**日経平均も米国株Ｓ＆Ｐ５００も右肩上がりである点**です。もうひとつは、暴落しても時間がたてば株価は持ち直しているという点です。日経平均なら、２０２０年１月から３月で約32％も下落しましたが、**翌年には１８８％も上昇**しています。

Ｓ＆Ｐ５００も20年に36％下落しましたが、**３年後には２８０％も上昇**しています。必ず同じように右肩上がりになるとは断言できませんが、**「時間」は「武器」になる確率は高い**のです。

■ 日経平均（1570） 10年間月足

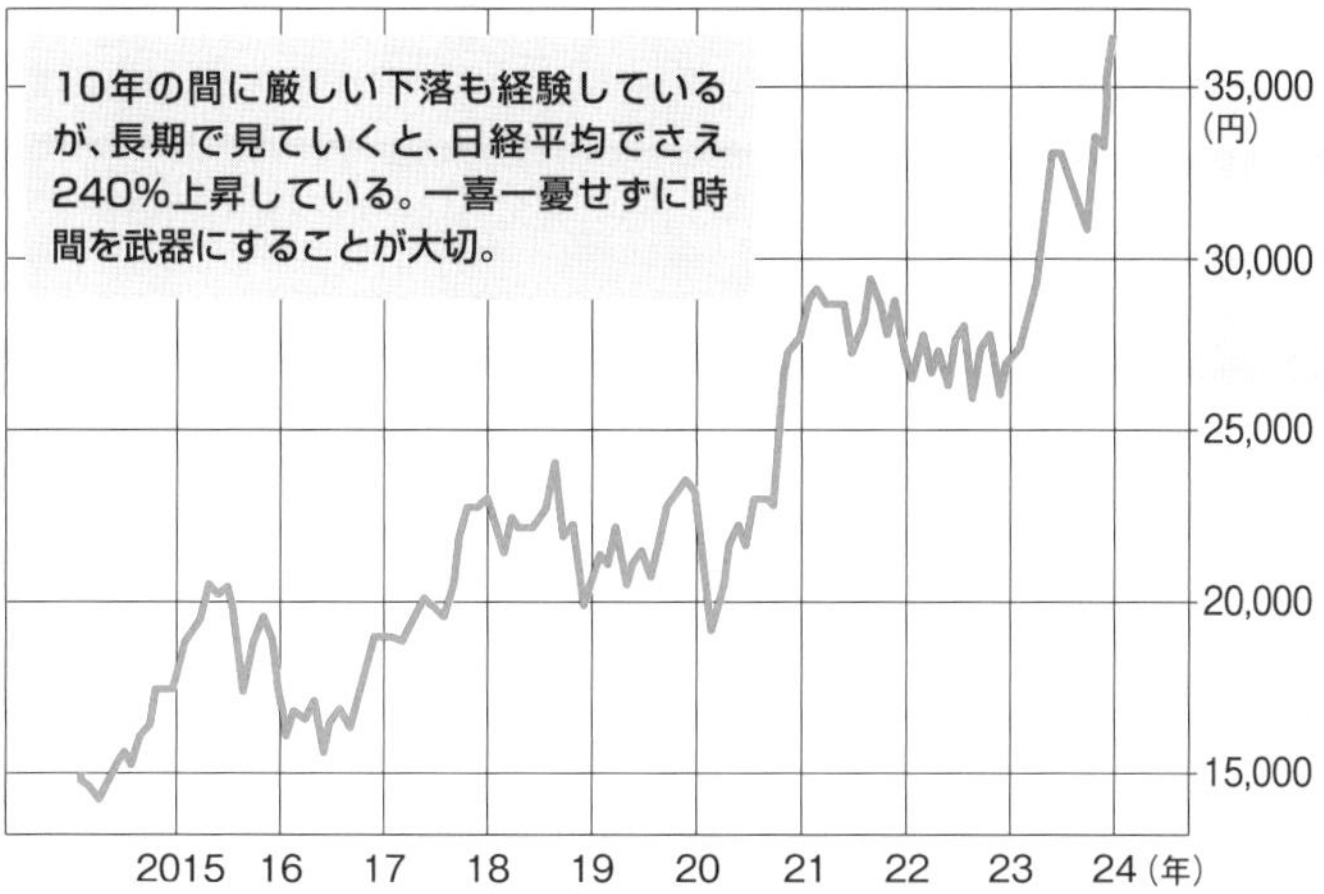
10年の間に厳しい下落も経験しているが、長期で見ていくと、日経平均でさえ240%上昇している。一喜一憂せずに時間を武器にすることが大切。
35,000
(円)
30,000
25,000
20,000
15,000
2015
16
17
18
19
20
21
22
23
24
(年)

■ SPDR S&P500（1557） 10年間月足

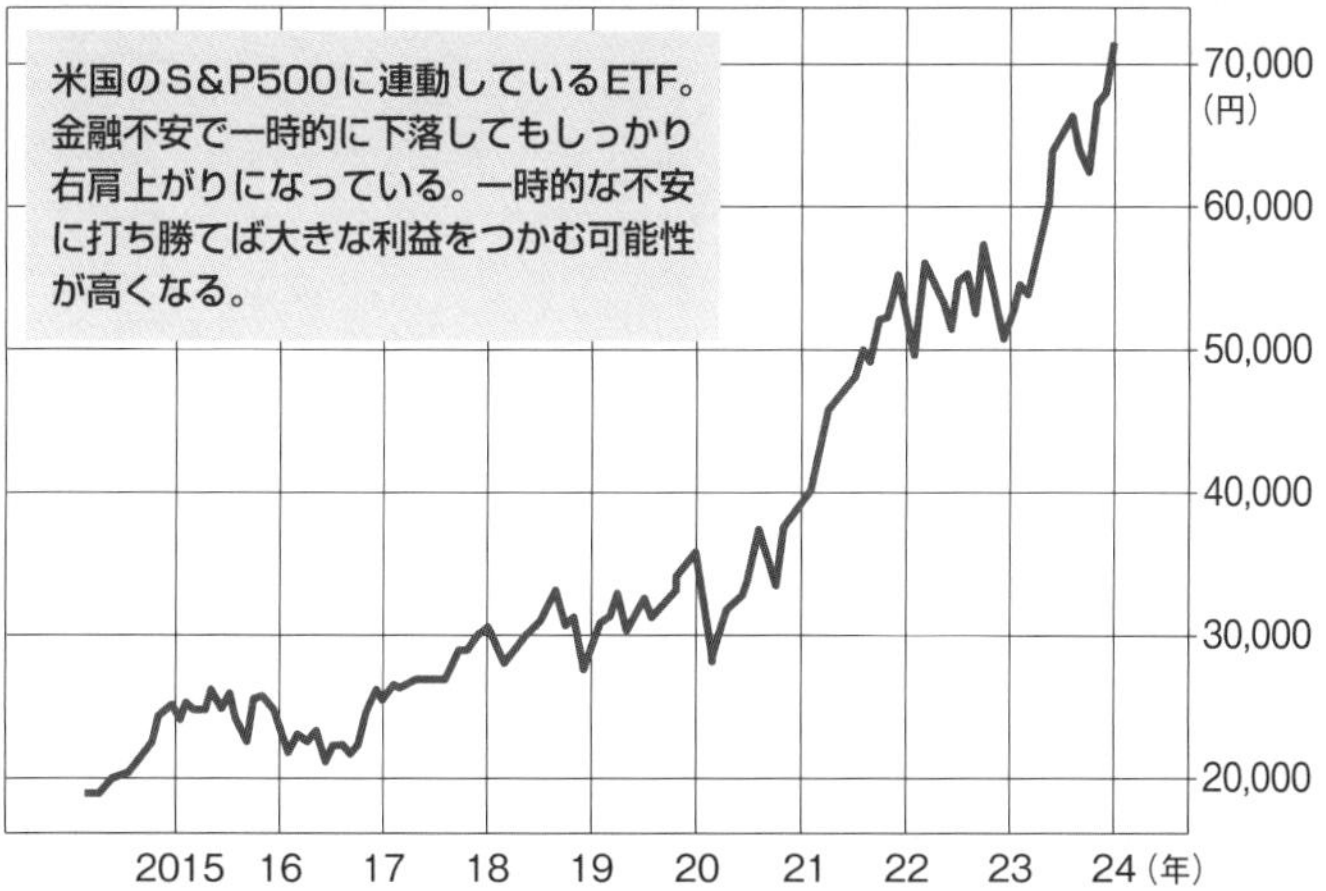
米国のS&P500に連動しているETF。金融不安で一時的に下落してもしっかり右肩上がりになっている。一時的な不安に打ち勝てば大きな利益をつかむ可能性が高くなる。
70,000
(円)
60,000
50,000
40,000
30,000
20,000
2015
16
17
18
19
20
21
22
23
24
(年)

【第四章　ポートフォリオの組み立て＆失敗しないために】

定期に一定額を積み立てる「ドルコスト平均法」

「**ドルコスト平均法**」とは、**定期的に一定の金額を積み立てていく投資手法**をいいます。

株式・債券・リートなど、金融商品は日々、その値段が変動していくものですが、投資を常に同間隔、同金額に保つことで、その商品の価格が低い時はより多くの口数を購入し、価格が高い時は購入する口数も小さくなるということになります。

結果として、その**金融商品の平均的な購入単価を引き下げる効果**があります。

つまり、金融商品の価格変動のリスクを低減させることで、資金の安定的な運用を期待することが可能になります。

左ページのグラフは、同じ「投信」を「ドルコスト平均法」を用いて、毎月一定額または一定口数で購入し続けたケースと不定期に購入したものです。

わかりやすいように、トータルの投資金額が12万円になるように投資金額を変えずに買っ

ドルコスト平均法と毎月同じ口数を買ったとき、不定期に買った時の比較

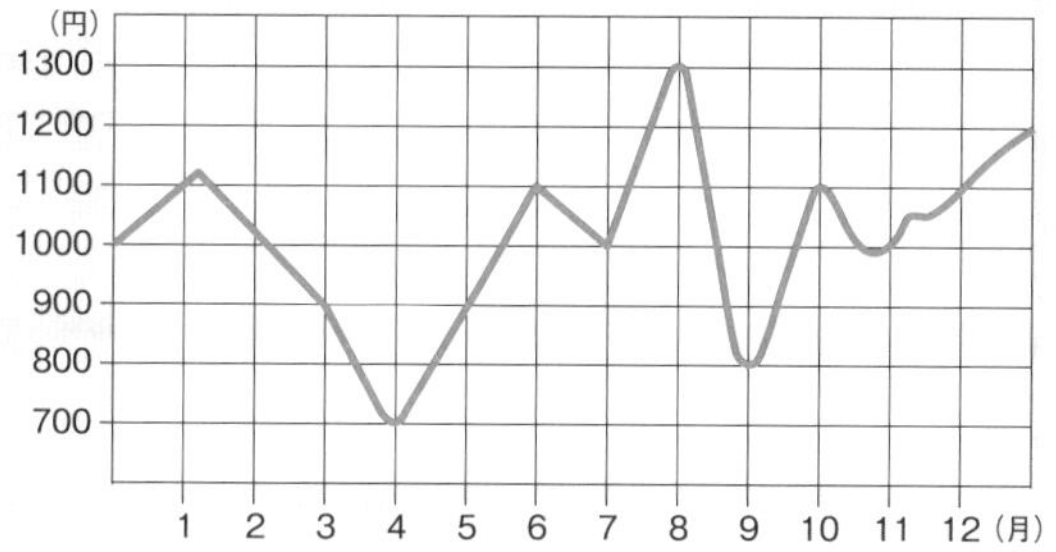

■ 毎月1万円分、ドルコスト平均法で購入（スタート時1万円=1万口の投資信託）

	1月	2月	3月	4月	5月	6月	7月	8月	9月
単価	1100	1000	900	700	900	1100	1000	1300	800
購入額	10000	10000	10000	10000	10000	10000	10000	10000	10000
口数	909	1000	1111	1428	1111	909	1000	769	1250

	10月	11月	12月
単価	1100	1000	1100
購入額	10000	10000	10000
口数	909	1000	909

→ **購入額：120,000円**
購入口数：12,305口

■ 毎月1000口を購入

単価	1100	1000	900	700	900	1100	1000	1300	800
購入額	11000	10000	10000	7000	9000	11000	10000	13000	8000
口数	1000	〃	〃	〃	〃	〃	〃	〃	〃

単価	1100	1000	1100
購入額	11000	10000	11000
口数	〃	〃	〃

→ **購入額：120,000円**
購入口数：12,000口

■ 相場を見て不定期に購入

単価	1100	–	900	–	–	1100	1000	–	–
購入額	20000	–	10000	–	–	30000	20000	–	–
口数	1818	–	1111	–	–	2727	2000	–	–

単価	1100	–	1100
購入額	10000	–	30000
口数	909	–	2727

→ **購入額：120,000円**
購入口数：11,292口

た場合と、購入口数を変えずに買った場合と、資金が手に入った時に購入した場合で仮に比較してみました。毎月、一定の金額を買い続ける「ドルコスト平均法」で購入を続けた方が、同じ金額の資金を投入しているのに、**保有できた「投信」の数が大きくなっています**。

「ドルコスト平均法」にはメリットとデメリットがあります。それぞれ見てみましょう。

「ドルコスト平均法」のメリット

①金融商品の高値掴みを防止できる

その商品が、高い時は「より少なく」購入するので、当然、値段が高い時は少数しか購入できません。毎回、同じ「口数」を購入するとしたら、その商品の値段が高い時にも、同じ「口数」を購入することになり、高値掴みしてしまいます。

②金融商品の価格の変動に神経質にならずに済む

「ドルコスト平均法」は、毎回、同じ金額で同じ商品を購入するので、運用スタート後の価格変動に一喜一憂する必要がありません。

③少額から投資を始められる

最初にまとまった資金がないと、始められない投資も多いわけですが、投資信託等の購入方法に「ドルコスト平均法」を利用するならば、「毎月10万円ずつ」とか、自分に合ったペースでコツコツと金融商品を購入していくことができます。

「ドルコスト平均法」のデメリット

127ページの図表はあくまで例なのですべてがこのようになりません。

「ドルコスト平均法」は、決して万能な手法ではありません。

金融商品の価格が継続的に上昇している局面では、最初にその商品を一括購入したり、一定の「口数」を定期的に購入していった方が運用成績は良くなります。

「ドルコスト平均法」は、**あくまで長期的視点に立った投資手法**ですし、初心者や忙しい方には向いていると思います。日本の投資信託や米国ETFなどを対象に、所有商品のひとつの買い方としてチャレンジするのもいいと思います。

【第四章 ポートフォリオの組み立て&失敗しないために】

バフェット氏の投資手法をのぞく

ウォーレン・バフェット氏は、アメリカ合衆国ネブラスカ州オマハに本社を置く「バークシャー・ハサウェイ」の会長兼CEO、別名、「**オマハの賢人**」です。

その資産は、何と1162億米ドル（2023年）、世界第5位の大富豪でもあります。

バフェットの投資手法は、若い頃はバリュー投資が主でしたが、年齢を重ねるに従い、グロース投資重視に変わっていきました。

「**グロース投資**」とは、「グロース（成長）」の名の通り、**業績が急拡大していて、将来にわたって株価の大幅な上昇を見込める企業に投資**するという手法です。このような企業は一旦、本格的な成長軌道に入れば、株価は10倍以上に跳ね上がったりします。

一方、「**バリュー投資**」とは、「バリュー（価値）」の名の通り、その会社の「**企業価値**」**を鑑みて、株価が安値のまま放置されている銘柄に投資する**手法です。

■ バークシャー・ハサウェイの保有銘柄

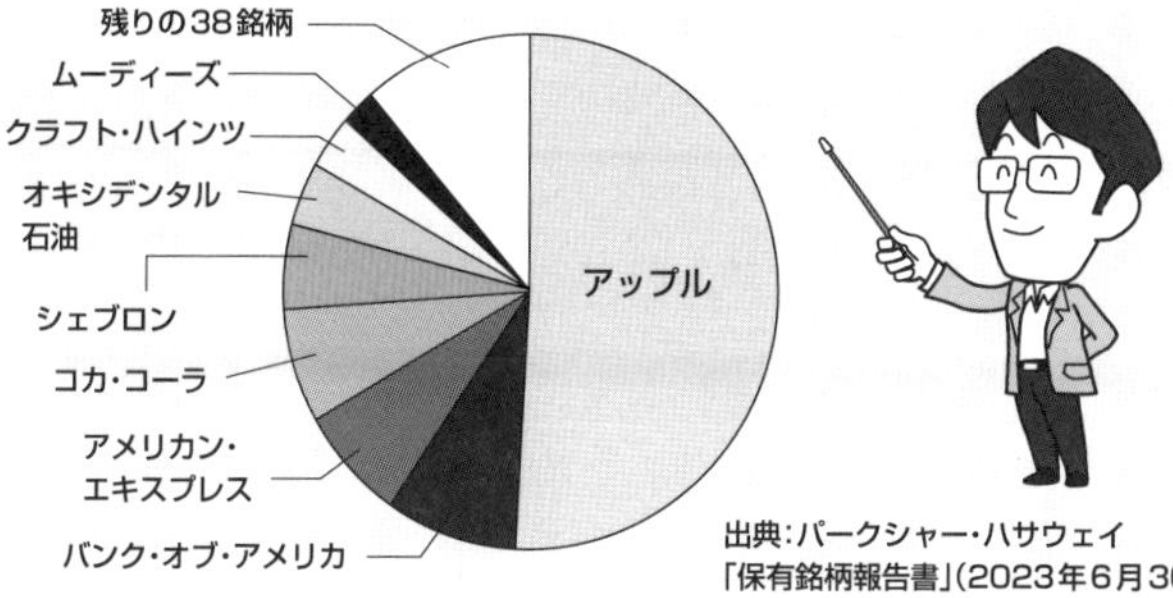

出典：バークシャー・ハサウェイ
「保有銘柄報告書」(2023年6月30日現在)

■ 総合商社の株価推移

出典：マネックス証券

会社名 (銘柄コード)	三菱商事 (8058)	三井物産 (8031)	住友商事 (8053)	伊藤忠商事 (8001)	丸紅 (8002)
20年6月末	2,270.0	1,594.5	1,234.5	2,321.5	487.5
21年6月末	3,028.0	2,500.5	1,488.0	3,200.0	966.1
22年6月末	4,037.0	2,994.5	1,857.0	3,667.0	1,224.0
23年7月末	7,265.0	5,541.5	3,047.0	5,750.0	2,513.5

割安のまま放置された銘柄は、やがてその会社の真の「企業価値」が認知されることで、株価の上昇を見込むことができますよね。

バフェット氏の基本方針は、**優れたビジネスモデルを持つ割安銘柄に投資して、長期的にそれらの株をホールド**するというものです。

2020年に日本の総合商社5社（三菱商事、三井物産、住友商事、伊藤忠商事、丸紅）を買い始めたのは有名で、バリュー投資のお手本のようです。

【第四章　ポートフォリオの組み立て&失敗しないために】

まとまった収入が入ったら迷わず買い！

基本的に日々の生活費に消えていく「お給料」に対して、夏と冬にもらえる「**ボーナス（賞与）**」は、労働に対する正当な対価（賃金）とは一味違って、自分の会社ががんばって叩き出した特別収入であるといえます。

「Ｐｏｎｔａリサーチ」の調査によれば、２０２３年冬のボーナスの使い道は、**1位「貯金・預金（34・5％）」**、2位「旅行」、3位「食品」、4位「外食」、5位「財形貯蓄」、6位「衣服」、7位「投資信託」、同7位「株式」などとなっています。トップはここ数年変わらずの貯金・預金ですが、年代別にみると20歳代は5・8ポイント、30歳代では3・8ポイントも２０２０年冬と比べると下がっていて、**若年層ではボーナスを預貯金する人が減少**しています。

お金関係では財形貯蓄、投資信託、株式とベスト10に顔を出していますが、投資信託は2・3％で前年比０・1ポイント増、株式は2・3％で前年比０・2ポイント増となっています。

ネット証券の若年層の口座数は**2022年から急増**して、開設口座数トップはSBI証券、2位は楽天証券です。口座数増は若年層の加入が一番大きな理由になっていますから、ボーナスにおける投資商品への利用増は**ネット証券口座数増と関係ある**と思います。

ボーナスなどのまとまった収入は、**不労所得を作る上で利用するべきもの**です。

ボーナスで欲しいものを買ったり、旅行などに使っているという方はちょっと我慢してみましょう。必ずその努力の見返りはあります。新NISAの制度をうまく使って、不労所得を定期的に手にする生活を目指しましょう。

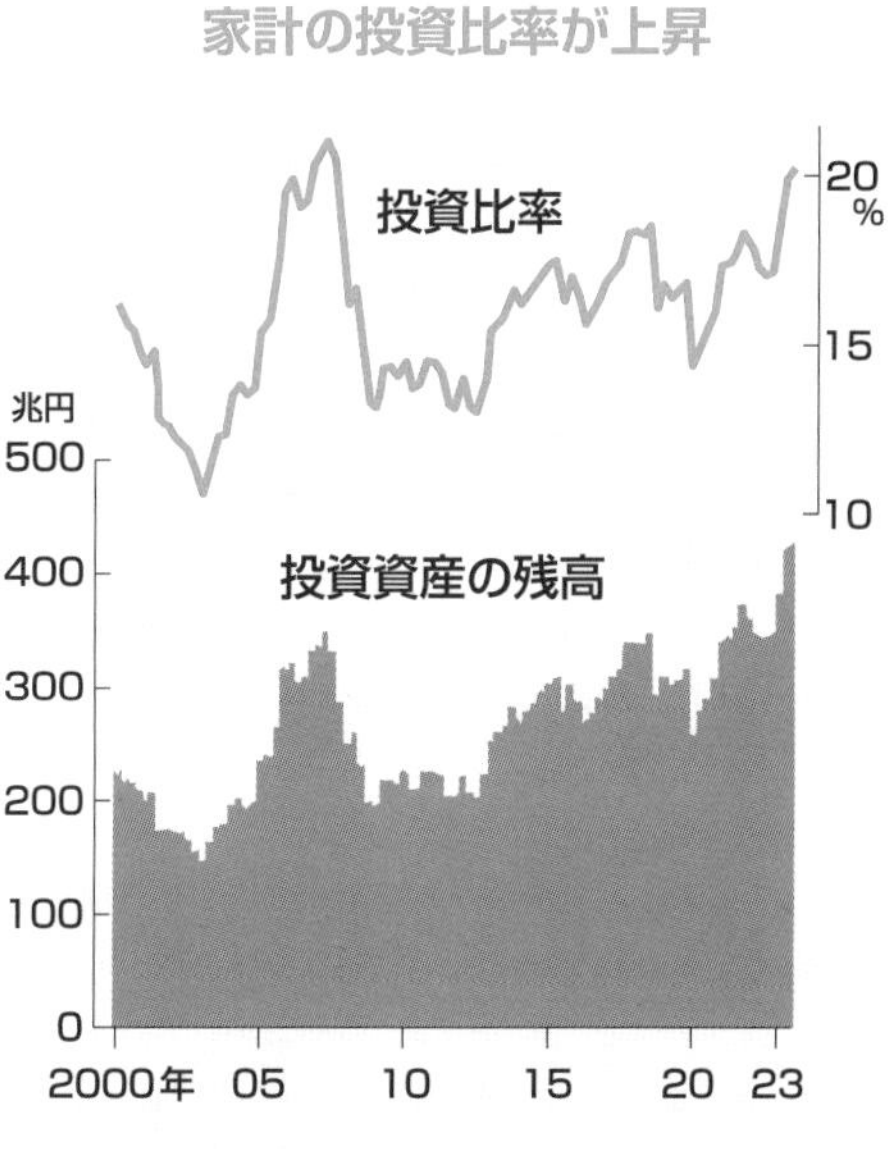

（注）投資比率は資産全体に占める株式など投資資産の割合
出典：日本経済新聞（2023年12月26日）より

【第四章　ポートフォリオの組み立て&失敗しないために】

退職金や相続などで大金を手にしたら？

長い人生、**思わぬ大金を手にすること**があります。

「宝くじが当たった」「土地を売却した」「会社を定年退職して、退職金をもらった」「親が亡くなって遺産が転がり込んできた」などなど。

実際、なまじ「宝くじ」に当選してしまったため、浪費癖がついてしまい、数年後には当選金を使い果たして、自己破産することになったなんてこともあるみたいです。

高額の退職金を得たり、親の遺産が入ることは現実的ですね。そんな時は気持ちが大きくなってしまい、証券会社の営業マンの助言に盲従して株を買い、結果、大きな損失を出してしまった……、なんていう話は、あちらこちらで聞くことです。

まずは、舞い上がったりせず、気持ちを落ち着かせて、**これまでの生活習慣を変えないことが大切**だと思います。

2024年1月からの新NISA積み立て設定で購入予約された投信上位

順位	投信名	月間予定額
1	eMAXIS Slim全世界株式	725億円
2	eMAXIS Slim米国株式	605億円
3	SBI・V・S&P500 インデックス・ファンド	169億円

出典:日本経済新聞(2023年12月24日)

「退職金」ならば、老後の生活を支える大切なお金ですから、ライフプランと相談しながらの投資になります。「ハイリスク・ハイリターン」の商品に手を出して、せっかくのまとまった資金を損なったりしないよう、まずは本書で推奨する「高配当株」「投信」「リート」など、**複数の商品にまたがって分散投資を行い、手堅く不労所得を手にすること**をお勧めします。

退職金や相続などで大きなお金を手にできるのは、年齢を重ねた世代だと思います。

その世代の方には、若い世代と違って時間が大きな武器にならないからと投資に前向きでない方もいますが、**積立金額を増やしたり、しっかり分配金を出している商品をまとめて購入する**のもありです。いろいろ挑戦する機会が生まれたと考えて行動してみましょう。

【第四章　ポートフォリオの組み立て&失敗しないために】

「iDeCo（個人型確定拠出年金）」も活用

「**iDeCo（イデコ）**」とは、「**個人型確定拠出年金**」と呼ばれる**私的な年金制度**のことです。年金といっても選んだ商品への投資なので将来の不労所得として簡単に説明いたします。

日本の年金制度は、「3階建て」だといわれています。

「1階」は「国民年金」、これは日本国民全員が加入を義務付けられている公的年金。「2階」は、会社員ならば「厚生年金」。自営業者なら「国民年金基金」が相当します。

そして、「3階」は「確定拠出年金制度」が相当します。

「確定拠出年金制度」とは、老後資金を自分で形成するためのもので、企業が掛け金を負担するものを「**企業型確定拠出年金（企業型DC）**」といい、個人が掛け金を負担するものを「**個人型確定拠出年金（iDeCo）**」といいます。

「企業型確定拠出年金」の場合、その**企業の従業員が対象となり、掛け金は事業者が負担**します。「個人型確定拠出年金」の場合は、自分で金融機関に口座を開設して、自分で掛け金を定め、自分で掛け金を積み立てて、自分で運用方法を判断し、自分で受け取る方法を決めなくてはなりません。

運用方法は、口座を開設した金融機関で指定されている商品から自分で選択し、手数料も自己負担です。受け取り方は、「**一括で受け取る**」「**年金で受け取る**」「**年金と一時金で受け取る**」の三つの方法から選ぶことができます。

iDeCoのメリットは、①「**掛け金全額が所得控除になること**」、②「**運用で発生した利益が非課税になること**」、③「**積み立てた資産を受け取る時も控除の対象になること**」。

①は掛け金のすべてが控除の対象となり、その年の課税所得から差し引かれます。

②は定期預金の利息や「投信」の利益と違い、iDeCoの利益には税金がかかりません。

③は「一括受け取り」の場合、退職所得控除の対象になります。「年金受け取り」の場合、「公的年金等控除」の対象になります。

iDeCoのデメリットは、何といっても**60歳まで引き出せないこと**です。

しかし、見方を変えれば、リタイアを考える年齢まで確実に保全できる不労所得の元ともいえますね。

【第四章　ポートフォリオの組み立て&失敗しないために】

NISAを100%使う

2024年1月から、NISAは新しい制度に生まれ変わりました。

「新NISA」では、「一般NISA」にあたる**「成長投資枠」**と、「つみたてNISA」にあたる**「つみたて投資枠」**が新たに設定されました。

「成長投資枠」では、**年間240万円まで購入可能**。「つみたて投資枠」では、「投信」を対象に**年間120万円まで購入可能**です。

ともに**非課税保有期間は「無期限」**となっています。

「株式」や「投信」の場合、売却益（キャピタルゲイン）、配当金・分配益（インカムゲイン）には、20・315%の税金がかかってきます。しかし、NISA口座を利用すれば、投資によって得られた利益は、まるまる手に入れることができるわけですね。

「成長投資枠」と「つみたて投資枠」を使い分ける方法は、投資家のスタイルで違ってきます。個別株、「投信」などを短いスパンで売買し、**短期的に売却益（キャピタルゲイン）をゲットしたい**と考える投資家は「**成長投資枠**」を使います。

一方、10年から20年という**長期のスパンで資産を運用**し、「株式」の配当や「投信」の「分配金」などを手堅く、着実に入手していきたいと考える投資家は、「**つみたて投資枠**」を利用します。

新NISAの説明は次ページで図解しておりますのでご覧ください。投資初心者の方だと、「NISA」というアルファベットだけでも難しく感じる方がいらっしゃいますが、簡単にいえば「**今まで利益に対して2割の税金をとっていたけれど、がんばって利益を出した人の税金は、これからはとりません!!**」という制度です。

NISAを使わない口座で持っていた商品で、たとえば毎月1万円の不労所得が出ても、そのうち2000円は国が徴収するようになっていましたが、NISAを使えばその2000円はぶんどられませんし、今回の新NISAでは投資枠が大きくなり、非課税期間が無期限と、**国は大盤振る舞い**なのです。

これは、2024年の日経平均の大きな上昇の理由にもなっています。不労所得を目指す賢い読者のみなさんは、**この特典を100%利用してください**。

「新NISA」ってどんな制度?

■ 利益に税金がかからない非課税期間が無期限に

旧NISA

つみたてNISA…20年
一般NISA…5年

→

新NISA

無期限!!

■ 年間投資枠が大きくなった

旧NISA

つみたてNISA…40万円
一般NISA…120万円

→

新NISA

つみたて投資枠…120万円
成長投資枠…240万円

簡単にいえば…

まとまった資金を投資 ＋ お得な期間は永遠 ＝ 利益が出ても税金は取りません!

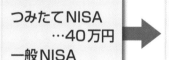

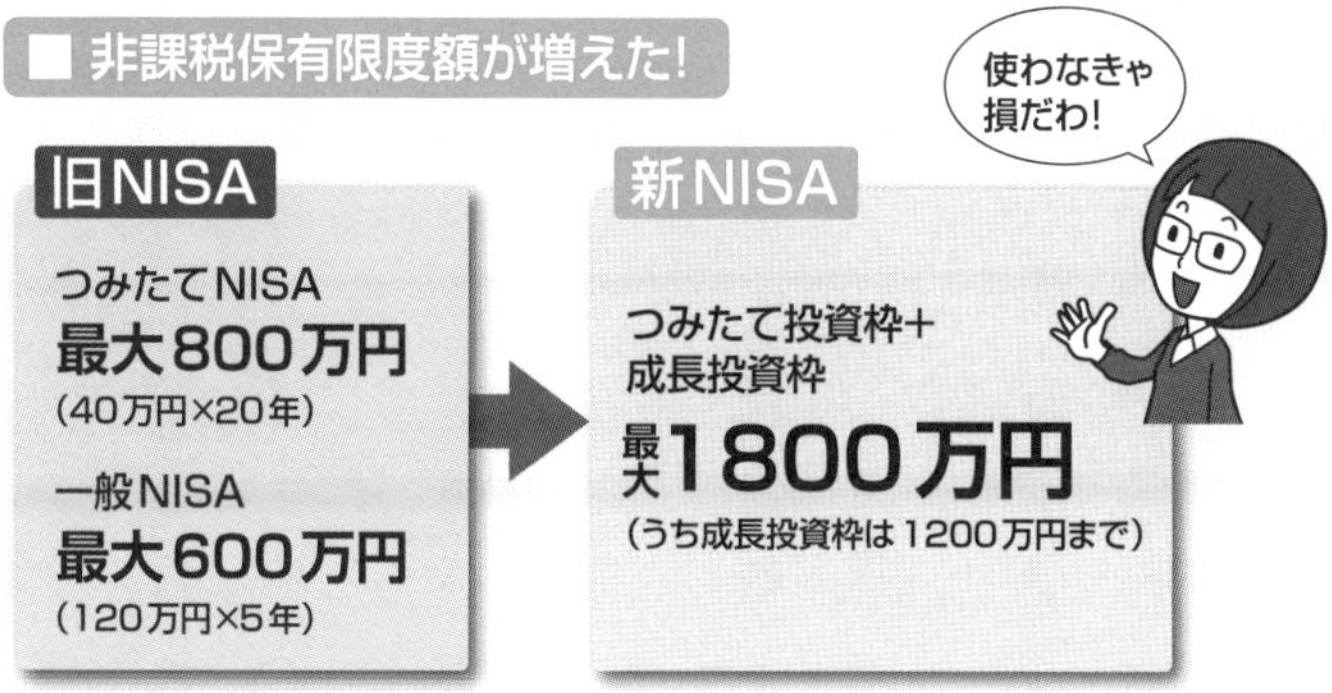
■ 非課税保有限度額が増えた！
使わなきゃ
損だわ！
旧NISA
つみたてNISA
最大800万円
（40万円×20年）
一般NISA
最大600万円
（120万円×5年）
新NISA
つみたて投資枠＋
成長投資枠
最大1800万円
（うち成長投資枠は1200万円まで）

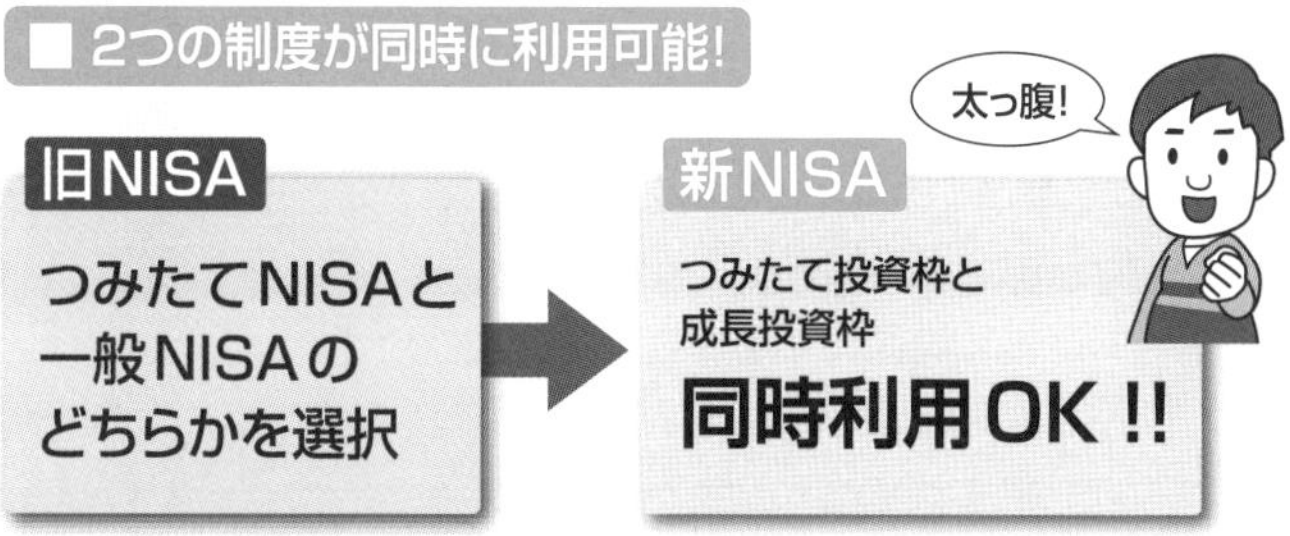
■ 2つの制度が同時に利用可能！
太っ腹！
旧NISA
つみたてNISAと
一般NISAの
どちらかを選択
新NISA
つみたて投資枠と
成長投資枠
同時利用OK!!

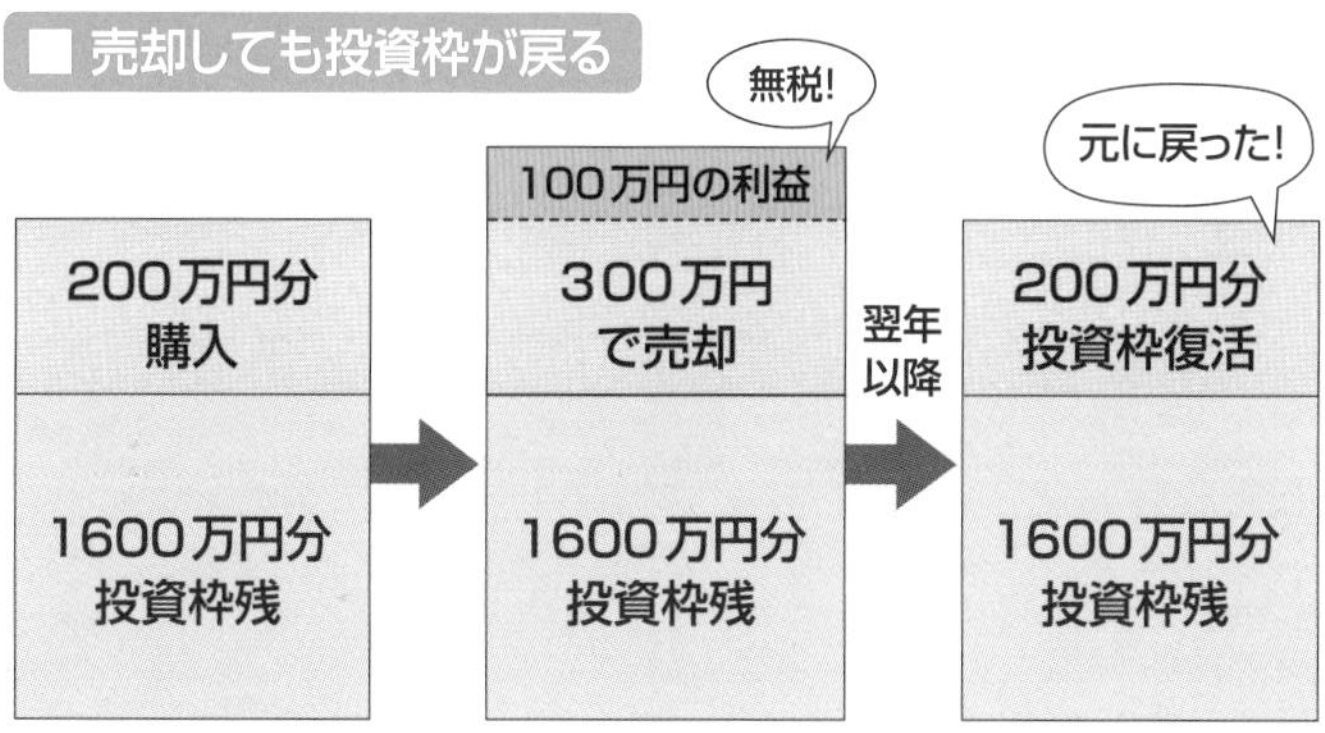
■ 売却しても投資枠が戻る
無税！
元に戻った！
200万円分
購入
1600万円分
投資枠残
100万円の利益
300万円
で売却
1600万円分
投資枠残
翌年
以降
200万円分
投資枠復活
1600万円分
投資枠残

【第四章　ポートフォリオの組み立て&失敗しないために】

2024年からの非課税枠は大幅拡充

前項で説明した通り、2024年から「新NISA」がスタートし、NISAは新たな制度に生まれ変わりました。

日本政府の狙いは、家計に眠る巨額の金融資産を投資に振り向け、**個人の資産形成と日本経済の成長・活性化を図ること**にあると思われます。

「新NISA」の仕組みは、まず、「成長投資枠」と「つみたて投資枠」に分類されること。2023年までのNISAでは、「一般NISA」と「つみたてNISA」の併用ができませんでしたが、**「新NISA」では併用が可能**となります。

「投資上限額」は「成長投資枠」が年間240万円、「つみたて投資枠」が年間120万円、**併せて360万円**となり、**「非課税保有限度額」は、併せて1800万円**（うち、「成長投資枠」が最大1200万円）となっています。また、「非課税期間」は「無期限」となりました。

そして、売却した「成長投資枠」と「つみたて投資枠」の「非課税保有限度額」は、翌年以降、再利用することも可能と、サービスはずいぶんと前進しました。

「新NISA」で運用できる商品は、「成長投資枠」の場合、**「国内株式」「国内ETF」「国内REIT」「外国株式」「外国ETF」「投信（一部、対象外あり）」**になります。

また、「つみたて投資枠」の場合、現行の「つみたてNISA」と同じく、対象商品は**一定の条件を満たした「投信」のみ**となっています。

すでに証券会社に「一般口座」をお持ちの方は、そのまま「NISA口座」を開設するだけでOKです。大切なことは、**「NISA口座」は一人一口しか開設できない**こと。税務署が、他の金融機関で別口の「NISA口座」が開設されていないことを確認した後、晴れて「NISA口座」の開設となります。

不労所得を定期的に手にしたい人はもちろん、**将来の不労所得を生む商品への投資にも絶対活用するべきサービス**です。

税金を知ることは、投資をする上でとても大切です。

銀行預金の利息が0・001％の時代に、「約20％の税金を免除します」という国の声かけにのらない手はありません。

不労所得入手のための新NISA活用法

■ 税金がかからない不労所得をゲットできる!
投資先
・高配当株
・高配当投資信託
・ETF
・債券投資信託
・REIT
・REIT 投資信託
...etc
不労所得
配当金や分配金を受け取る
配当通知
定年後も有効!
新NISAを使えば
無税!!
たとえば…
コツコツ積み立て 1000万円
投資総額 1000万円!!
配当金・分配金が4%なら
毎年40万円が税金ゼロ!
まるで私設年金だ!
5年で上限 1800万円
5年間毎年の上限360万円を投資していったら計1800万円
配当金・分配金が4%なら
毎年72万円が非課税!

新NISA活用は焦る必要なし!

■ 無期限なので落ち着いて…

新NISAは
無期限の制度

→

投資は自分の
ペースで

新制度を
利用しなきゃと
焦る必要ありません

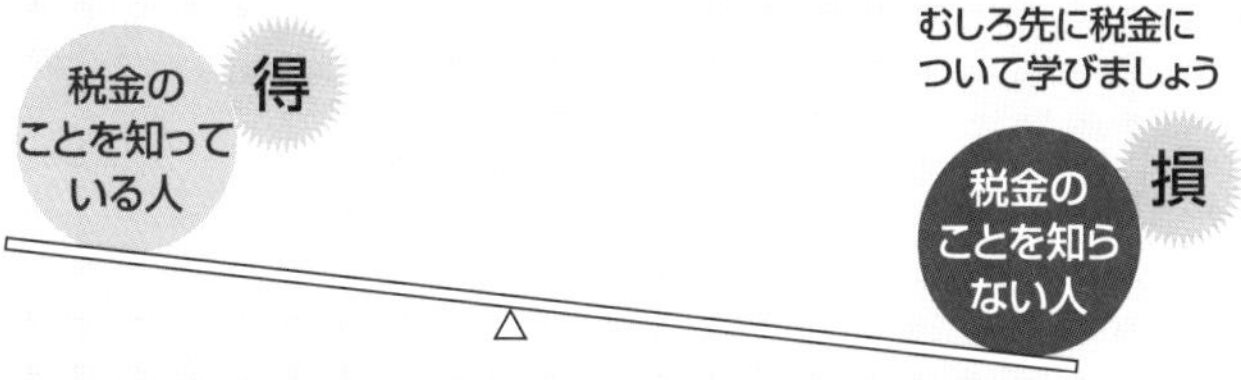

■ 少額からでも大丈夫!

1800万円
なんて
夢の話だよ

→

1か月5000円
でもOKです。
利用する習慣を
つけることが大切

不労所得には新NISAの
利用は不可欠です!
コツコツやれる人が
大きな夢をつかめるのです!

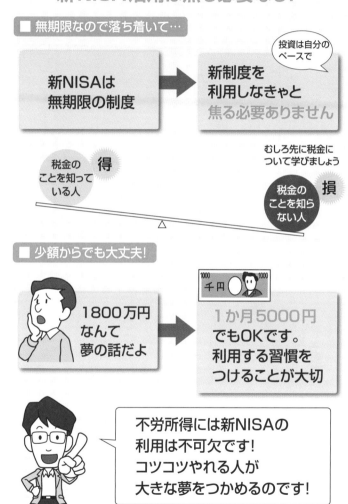

【第四章　ポートフォリオの組み立て&失敗しないために】

米国の株式投資における税金と為替

米国株を売買して利益が発生した場合、当然、**税金がかかってきます**。

前にも述べましたが、米国株の場合、株式の売却益（キャピタルゲイン）に対しては、日本でのみ「譲渡益課税」が課されますが、配当金（インカムゲイン）には**米国と日本の両国で「配当課税」が課せられます**。

この「配当金」の二重課税を解消するため、確定申告することによって、米国での課税分の一部を取り戻せる「**外国税額控除**」という制度があります。

株式投資で利益が発生した時、「確定申告」は必要になりますが、多くの人が利用している「**特定口座（源泉徴収あり）**」に設定しておけば、「確定申告」の手間が省けて楽です。

また、日米にまたがるトレードで利益や損失が発生しても、**「損益通算」が可能**です。

例えば、米国株のトレードで１００万円の損失を出したとしても、日本株のそれで２００

万円の利益があるなら、**課税対象は「200万円−100万円」の100万円のみ**ということになります。

しかし、「外国税額控除」「損益通算」を行う場合は、**「特定口座（源泉徴収あり）」であっても、「確定申告」が必要となる**ので注意してください。

米国株の取引には、税金以上に気をつけないといけないことがあります。

それは、「**為替**」です。米国株の譲渡益は円換算するため、為替の影響によりその金額が大きく変わる可能性があります。現在1ドルは日本円で約148円（24年2月現在）ですが、もし、このレートで米国株を買って、1ドル＝120円の円高に振れた時点で売却すれば、株価が変わらなかったとしても、**約20％の為替差損**が出てしまいます。

逆に180円の円安に振れれば、**約20％の為替差益が生まれる**ということになります。

為替はプロでも先を正確に読むことはできません。もしも購入時のレートより円高になってしまって損失が出たときは、証券会社では外貨で預かってくれます。ドルなら円にかえずにドルで置いておけて、円安になってから円に換えることもできます。

外貨を資産の一部として所有するのもしっかりとした投資ですから、もしも為替環境がよくないときは考えてもいいいと思います。

【第四章　ポートフォリオの組み立て＆失敗しないために】

株主優待は生活費を少しだけ潤わせてくれる

「株式投資」で、投資家が得られるメリットには、3点あります。

①安く買って高く売って得られる「売却益（キャピタルゲイン）」
②企業が利益の一部を株主に還元する「配当（インカムゲイン）」
③企業が株主に、自社製品・割引券・サービス券などを提供する「株主優待」

③の「株主優待」は上場企業が株主に対して、「うちの株主になってくれてありがとう」という感謝の意味を込めたギフトです。いわば**「おまけ」の意味合いが強い**のですが、その種類は豊富で、食品関係、外食サービス、宿泊や乗車券など活用すれば不労所得のかわりになるものがたくさんあります。

なかには商品券、プリペイドカード、航空会社の割引券など、**金券ショップで換金できる**ものもありますが、不労所得投資家においては、株主優待はあくまでおまけと考えましょう。

■ 株主優待の例

カタログギフト	イオンモール（8905）／オンワードHD（8016）／大和ハウス工業（1925）／ノバレーゼ（9160）／KDDI（9433）／伊藤忠食品（2692）／ヒューリック（3003）／ゆうちょ銀行（7182）／クリエイトSD HD（3148）／東海カーボン（5301）／サカタのタネ（1377）／TOTO（5332）
自社商品詰め合わせ	キリンHD（2503）／アヲハタ（2830）／アサヒグループHD（2502）／アステナHD（8095）／資生堂（4911）／味の素（2802）／ライオン（4912）／明治HD（2269）／森永製菓（2201）／キユーピー（2809）／ニッスイ（1332）／ヤクルト本社（2267）
お米	DDグループ（3073）／TBK（7277）／システムインテグレータ（3826）／日本M&Aセンター HD（2127）／積水ハウス（1928）／進和（7607）／ウエルシアHD（3141）／あみやき亭（2753）／ヤマナカ（8190）
食事優待券	串カツ田中HD（3547）／銀座ルノアール（9853）／日本マクドナルドHD（2702）／ドトール・日レスHD（3087）／空港施設（8864）／ロイヤルホテル（9713）／鉄人化HD（2404）／ひらまつ（2764）／ミニストップ（9946）／すかいらーくHD（3197）／カルラ（2789）／一家HD（7127）
宿泊優待	サムティ（3244）／ティーケーピー（3479）／アールシーコア（7837）／東建コーポレーション（1766）／大倉工業（4221）／大和証券グループ本社（8601）／いちごホテルリート投資法人（3463）／エムケー精工（5906）／トーセイ（8923）
ポイント・クーポン	NTT（9432）／大戸屋HD（2705）／ソースネクスト（4344）／ RIZAPグループ（2928）／鳥貴族HD（3193）／楽天モバイルeSIM（4755）／クックパッド（2193）／GMOペパボ（3633）／
クオカード	日本和装HD（2499）／タマホーム（1419）／全国保証（7164）／INPEX（1605）／ニチリン（5184）／サンヨーホームズ（1420）／キャリアリンク（6070）／トーセイ（8923）／秀英予備校（4678）
交通関係	日本駐車場開発（2353）／JR東日本（9020）／JR西日本（9021）／日本郵船（9101）／東武鉄道（9001）／東急（9005）／第一交通産業（9035）／ANA HD（9202）／日本航空（9201）
美容・ファッション	ハニーズHD（2792）／ゼリア新薬工業（4559）／ライトオン（7445）／ヒラキ（3059）／ファンケル（4921）／西松屋チェーン（7545）／ワコールHD（3591）／ヤーマン（6630）／リーガルコーポレーション（7938）

コラム⑤　ＹｏｕＴｕｂｅの投資番組

私はテレビ世代なので朝と夜はテレビを見ます。昼間は会社なので見るのはＹｏｕＴｕｂｅ。ＹｏｕＴｕｂｅの投資関係の番組は、いくつかチャンネル登録して楽しんでいます。

参考にするのは、おすすめの銘柄ではなく、その方の分析の仕方です。投資に関しては、先をどのように見通すのかは人様々で、いろいろな考えや手法を見ていくのは楽しみです。ＹｏｕＴｕｂｅは、様々な考えや手法を簡単にタイムリーに見ていくにはとても便利です。読者のみなさんには当たり前のことですね。

気をつけないといけないのは、大げさな表現や言葉です。「これからすごく上がる」とか「暴落が間近です」といったあせらせる言葉や怖がらせる表現です。

たしかにそれが当たることもあるでしょうけど、私は地球がなくならない限り、世界の経済は右肩上がりを続けると思っていますので、ビビることはありません。

かつては、マネー雑誌などの記事であおられて失敗したことは多々ありますが、40年間も投資活動をしてきますと、一喜一憂してはいけないことがよくわかってきました。

とはいいつつ、ＹｏｕＴｕｂｅで面白い投資手法や有望銘柄や面白いＥＴＦが紹介されればメモしたり、暴落サインについて話してきたらすぐさま情報を整理したりしています。この判断力をつけるための修行が、ＹｏｕＴｕｂｅなのかもしれません。

第五章

応用編「ETF」と「リート」にも挑戦しよう

第5話　揺れる思いを断ち切れ

最近の俺の投資マイブームは
ETFなんだ!

おお!
俺もそれ興味アリストテレス（古!）

1口2000円台から買えるから
小遣いが余ったら即買い増しだよ

そんなに安いと分配金出るの?

それが出るんだよ
昔は千円札なんてすぐになくなると
思ってたけど、今はこいつが
働く時代って思ってるよ

それはいえるな
効率を考えたら投資は絶対複利運用なんだろうけどさ。定期的に小遣いもらえると張り合いが出るんだよなぁ〜

そうそう 複利で運用するお金は「将来の楽しみ」 毎月もらえる分配金は「今の楽しみ」

俺たち、心弱いやつらにはたまにはいい思いさせないと続かないんだよなぁ〜

おお神様! 我々にハガネの心を与えたまえ—!!

【第五章　応用編「ＥＴＦ」と「リート」にも挑戦しよう】

「ＥＴＦ」は「投信」とどう違うのですか

「ＥＴＦ」とは、英語で「**Exchange Traded Funds**」といい、日本語では「**上場投資信託**」と呼ばれます。

その名の通り、株式市場に上場しているファンド（投信）という意味です。

マーケットに上場しているということですから、「投信」の一種でありながら、「株式投資」における個別株の取引と同じように、**リアルタイムで売買**することができます。

また、「株式」と同じように、**４ケタの数字からなる「証券コード」**が割り当てられていて、パソコンやスマホのアプリを使って取引するときは、「検索」欄にこの「証券コード」を入力すれば、お目当ての「ＥＴＦ」のページへ飛ぶことができます。

いわば、「ＥＴＦ」とは、**「株式」と「投信」のいいとこどりをしたような金融商品**であるといえます。

「ETF」には、日経平均株価（通称、225）やTOPIX（東証株価指数）といったインデックスに連動した商品（**インデックスファンド**）もあれば、指標を上回る成績を目指して、より攻撃的に利益を追求する商品（**アクティブファンド**）もあります。

「投信」の一種ですから、投資家から資金を集め、ファンドを形成して、専門家がそれを運用することでは、「投信」も「ETF」も違いはありません。

「投信」の場合、取り扱っているのは、銀行や証券会社、郵便局などです。

これに対して、「ETF」は、扱いは**証券会社のみ**になります。

「投信」の場合、取引価格は前出の「基準価額」で決まりますが、「ETF」は「**市場価格**」で決まります（日々、価格が変化する株式と同じです）。

売買手数料は、「投信」の場合、前述のように「ノーロード」、つまり手数料ゼロの商品も多々ありますが、**「ETF」は手数料がかかります**。

「投信」では、「成行《なりゆき》」「指値《さしね》」での注文は不可能ですが、「ETF」は「株式」と同じく、「成行」「指値」での注文が可能です。

また、「投信」が少額から購入できるのに対して、「ETF」では、**最低でも1万円から10万円程度が必要**になってきます。

【第五章　応用編「ＥＴＦ」と「リート」にも挑戦しよう】

「ＥＴＦ」もリアルタイムで売買可能

「ＥＴＦ」は「投信」の一種ですので、**広く資金を集めてファンドを形成し、プロのファンドマネージャーがその資金を運用**してくれる金融商品であることには違いがありません。

どちらも、国内外の株式・債券・不動産（リート）・商品（コモディティ）などで運用され、**最初から「分散投資」の効果を内包した金融商品**であることも同じです。

前項で、「投信」と「ＥＴＦ」の細々とした差異を説明しましたが、「投信」と「ＥＴＦ」で最も異なっている点は、「ＥＴＦ」が「株式」と同じく、**リアルタイムで売買可能**な点です。

また、売買注文においても「株式」と同じように、「成行」や「指値」注文で、売買の値段を自分で決めて、取引きを実行することができます。

「ＥＴＦ」の場合、パソコンやスマホのアプリなどで閲覧ができますから、その値動きを簡単に把握することができるため、機動的な売買注文が出しやすいのです。

「ETF」の場合、その名前が「iFreeETF MSCI日本人材設備投資指数」などのように、**やたらに長ったらしいのがほとんど**ですが、パソコンやスマホなどのアプリから売買の注文を出すときは、割り当てられている証券コード（iFreeETF MSCI日本人材設備投資指数の場合は「1479」）を入力すれば、簡単に売買できてとても便利です。

また、「投信」の場合、銀行・証券会社・郵便局など、「販売会社」によって扱っている商品が異なっていることがありますが、**証券会社に口座を持っていれば、証券市場に上場しているすべての「ETF」にアクセスが可能**です。

ETFの売買について述べましたが、予備知識として「**ETFは倒産するかどうか**」にも触れておきます。

結論から先にいうと、**倒産はありません**。株式と違ってゼロにはなりません。ETFの運用されている証券類は、保管機関に預けられ、分別管理が義務づけられているため、資産管理の面からいうと、**株式より安全な資産**といえます。

ただ、倒産はなくても**「償還」と「上場廃止」**はあります。それは運用残高の減少や運用目標がうまく達成できなかったり、その他継続するのに無理が起きたりした場合、運用商品を処分して投資家に返還してしまうことです。

【第五章　応用編「ETF」と「リート」にも挑戦しよう】

日本の高配当ETFと米国高配当ETF

「高配当ETF」とは、**高い利回りの株式で構成された「ETF」**のことをいいます。

「高配当ETF」には、高配当の「株式」などの銘柄が多数含まれていて、年に1回から4回の「分配金（インカムゲイン）」で、高い利益を期待することができます。

一方で、値動きはさほど大きくはなく、**売却益（キャピタルゲイン）を狙うのにはあまり向いていない**金融商品であるといえます。これは高い配当を出す企業は、株価が安定しているということであり、価格の下落を大きく心配する必要がなく、**安心して長いスパンで、「分配金」をもらうことを期待できる**商品であるともいえます。

ただ、ETFの分配原資は、投資している対象株式から受け取った配当金が主で、その分配金から経費を差し引いたものが分配金として投資家に支払われます。よって投資対象株式から受け取った配当の増減で分配金も変動します。

また、**「分配金を自動で再投資できない」「自動積立ができないことがある」**といったデメリットも存在しています。

そういうことですから、配当収入を重視して、長期にわたって「インカムゲイン」を獲得し続けることを目的とする投資家にとっては、検討していい金融商品となっています。

「高配当ETF」のランキングは、ネットで簡単に閲覧することができますし、「なぜ、この銘柄を推奨するのか」という専門家の説明などを閲覧することができます。

次のページには、不労所得を得るためにチェックする分配金、利回りについて具体的なグラフや表を載せました。

利回りといっても、**株価と同様にどんどん変動していく**ことは理解していただきたいですし、たくさんの種類のETFがあるので、ご自身で研究していくのも楽しい投資になると思います。

高配当のETFは、日本のものだけでなく、**米国ETF**もあります。米国のETFにも株式同様に**ティッカー**（個々の銘柄を識別するためにつけられた番号）がつけられており、すぐ検索できます。不労所得をつかむ投資先に、ETFを加えていくのもいいと思います。

「高配当ETF」ってどんなもの?

■「高配当ETF」の特徴

- 利回りの高い株式で構成されたETF
- 高い分配金がある
- 多くの企業に投資できる=投資リスク軽減
- 値動きがすぐわかる
- 少ない資金でもスタート可能
- 値動きは少ないので、売買差益は期待しづらい

■ 日本国内高配当ETF例（1622.NF・自動車・輸送機ETFの週足の動き）

ETFも株と同じように価格が変動します。
2023年1月頭に6.71%だった分配金利回りは、
1年後には価格上昇により4.9%に変動しています。

➡ 固定された利回りでないことを認識しましょう!!

■ 日本国内高配当ETF例

銘柄名	コード	分配金利回り（%）
NF・ブラジル株ETF	1325	7.35
NF・自動車・輸送機ETF	1622	5.11
NF・新興国債ヘッジ無ETF	2519	4.57
NF・J-REIT ETF	1343	3.85
NF・日経高配当50ETF	1489	3.73
NF・マレーシア株ETF	1560	3.60
NF・日本株高配当70ETF	1577	3.45
IfreeETF TOPIX高配当40指数	1651	2.15
NF TOPIX連動型	1306	2.13

■ 米国高配当ETF例

銘柄名	ティッカー	分配金利回り（%）
SPDRポートフォリオS＆P500高配当株式ETF	SPYD	4.71
SPDR S&P米国高配当株式ETF	SDY	2.98
ｉシェアーズ・コア米国高配当株式ETF	HDV	3.84
ｉシェアーズ優先株式＆インカム証券ETF	PFF	7.40
バンガード米国高配当株式ETF	VYM	3.96

【第五章　応用編「ＥＴＦ」と「リート」にも挑戦しよう】

ＥＴＦはどこでどうすれば買えるの？

「ＥＴＦ」は「株式」と同じく証券市場に上場しているのですから、「株式」と同じように、**普通に証券会社で購入することができます**。

すでに証券会社で口座をお持ちの方は、すぐに「ＥＴＦ」の取引を始めることができますが、そうでない場合は、**証券会社に新しく「証券口座」を開設**する必要があります。

「ＥＴＦ」は、「株式」と同じく、証券市場の取引時間中であれば売買が可能です。

「ＥＴＦ」には、銘柄ごとに１口、10口、１００口と**「売買単位」**が決められており、この「売買単位」に**「取引所価格」**をかけたものが、**「ＥＴＦ」の最低買い付け金額**です。

従って、「ＥＴＦ」を購入する時は、最低でもその銘柄の「売買単位」と「取引所価格」を確認しておく必要があります。分配金が出て、１口で安価に買えるＥＴＦもあるので、小金ができたらちょっと買ってみることができます。

知っておきたいETFの基礎知識

■ ETFとは何か?

どこで買える?	証券会社の口座があれば株式と同様に買えます。
いつ買える?	証券取引所の取引時間中であれば買えます。投資先が海外の資産であっても東証に上場しているものは同様です。
いくらで買える?	売買単位は1口、10口、100口と銘柄によって異なります。最低単価は数千円台からあります。
売買方法は?	株式売買と同様に「指値」と「成行」の2種類の注文方法があります。

■ 売買単位が1口の安価なETF例

銘　柄	コード	購入金額	分配金利回り
NF・日本株女性活躍ETF	2518	1,410円	1.91%
NF・株主還元70ETF	2529	1,627円	2.70%
NF・日本成長株アクティブETF	2083	2,141円	0.28%
NF・日本高配当株アクティブETF	2084	2,149円	0.88%
NF・日本株ESGリーダーズETF	2643	2,630円	1.86%
NF・タイ株ETF	1559	3,300円	2.06%
NF・マレーシア株ETF	1560	4,520円	3.42%

【第五章　応用編「ＥＴＦ」と「リート」にも挑戦しよう】

ＥＴＦは毎年分配金が出るものを購入

「ＥＴＦ」は、一般的な「投信」と同じように、**「分配金」をもらうことができます**。

「ＥＴＦ」の場合、決算期間中に発生した運用益から、「信託報酬」などの手数料を差し引いた、残り全額を投資家たちに分配することが法律によって定められています。

「投信」には、「分配金」をそのままもらえる「受取型」と、「分配金」で同じ「投信」を追加購入して元本そのものを大きくしていく「再投資型」がありますが、「ＥＴＦ」の場合、**収益はすべて「分配金」に回される**ことが法律で定められていて、**「投信」のように同じファンドに再投資される仕組みはありません**。

「分配金」を受け取るための条件は、**決算日の2営業日前（権利付き最終日）までに「ＥＴＦ」を所有していること**です。

「ＥＴＦ」の「分配金」は、「決算日（権利確定日）」から、40日以内に支払われます。

分配金が年4回（1・4・7・10月）ある高配当日本株ETF例

ETF名（証券コード）	基準価格（円）	過去1年の分配金実績（円）	分配金利回り（%）
NF・日経高配当50（1489）	46,754	2,228	4.8
NF・日経高配当70（1577）	26,845	1,067	4.0
NF・株主還元70（2529）	1,320	44	3.3

1年に何回、「分配金」を受け取れるかは、その「ETF」が1年に何回、「決算日」があるかによります。

「決算日」が年に1回ならば「分配金」も1回。奇数月・偶数月など2か月に1回なら、年に6回。「1・4・7・10」月など指定された月に支払われるならば、年に4回ということになります。

なお、一部、**「分配金」が支払われない「ETF」も存在**します。「先物指数」に連動したもの、「金」や「原油」など「商品（コモディティ）」を対象とする「ETF」では、通常、「分配金」が支払われることがありません。

不労所得のためですから、**定期的に「分配金」をもらえる「ETF」**を購入しましょう。

【第五章　応用編「ETF」と「リート」にも挑戦しよう】

「リート」って何？

「リート（REIT）」とは、**「不動産投資信託」**と呼ばれ、広く一般投資家から資金を集め、それを原資として各セクターの不動産へ投資を行い、そこから得られる売買益（キャピタルゲイン）や賃貸収入（インカムゲイン）を投資家たちに還元する金融商品のことです。

もとはアメリカで誕生した商品ですが、日本の場合は国名の「JAPAN」のJを取って、**「J・REIT《ジェイリート》」**と呼ばれています。

「投信」や「ETF」では、「株式」や「債券」を対象に運用が行われますが、「リート」の場合、対象がオフィスビル、商業施設、マンション、物流センターなど**「不動産」であることが特徴**です。その名の通り、「投信」の一種であり、東証など証券取引所に上場されていて、4ケタの数字からなる「証券コード」も割り当てられています。

日本の場合、投資家が「J・REIT」へ資金を投資し、「J・REIT」が国内の複数の「不動産」を保有・運用します。その過程で生じた売買益や賃貸収入などの収益を、投資額に応じて、投資家たちへ還元するという仕組みになっています。

個人が「不動産投資」を実行することは、かなり困難です。

まず、８ケタの資金が必要になります。そして買収の対象となる「不動産」の価値を見極める「プロの目」が必要になります。個人向けのワンルームマンションとオフィスビルの両方を購入したいと思ったら、さらに**莫大な資金が必要**になります。物件の管理には、自分でやるか、手数料を払って業者に任せるか、いずれにしても**手間とお金がかかります**。物件を売却する際は不動産業者に頼むしかなく、**換金性も低い**といわざるを得ません。

「リート」は、**「不動産」を証券化**することにより、「投信」と同じく、**一般投資家が不動産投資に気軽に参入することができるようにした金融商品**であるといえます。

「リート」の場合、**小口に証券化されていますから少額から投資可能**です。

また、様々なセクターにまたがった「分散投資」も可能です。物件を選択する「プロの目」も必要ありません。物件の管理は、「不動産投資法人」がやってくれます。

ビルやマンションといった現物資産ではなく、「証券」ですから市場で簡単に売買することも可能です。

【第五章　応用編「ＥＴＦ」と「リート」にも挑戦しよう】

「リート」も株やＥＴＦと同じように売買可能

前項で説明したとおり、「リート」は、証券市場に上場している「投信」の一種ですから、「株式」や「ＥＴＦ」と同じように、**リアルタイムで売買が可能**です。

「東京ＲＥＩＴ指数」は２００３年から約４倍になっています。これはＴＯＰＩＸ（東証株価指数）を大きく上回っており、**とても魅力ある金融商品**であることがうかがえます。

すでに証券会社に「証券口座」をお持ちの方ならば、**「株式」と同じやり方で「リート」の取引を開始**することができます。すなわち、「株式」と同じように、「証券口座」を持っている証券会社を通じて、証券取引所に注文を出し、売買を指示するという形になります。

スマホやパソコンを使ったネット取引ならば、スマホやパソコンのモニター上の画面にその銘柄の名前や「証券コード」をインプットしてタップするだけで大丈夫です。

「成行」「指値」「期間指定注文」「信用取引」「貸借取引」も可能です。

また、「投信」と同じく、銘柄ごとに売買単位が決まっていて、最低購買価格は売買単位に「投資口価格」をかけたものになります。

「株式」とは用語が異なっていることには注意が必要です。

リートでは株式に相当するものは**「投資口」**と呼びます。株式会社にあたるのは、**「投資法人」**です。株価に相当するものは**「投資口価格」**。株券にあたるものは**「投資証券」**です。投資家への収益の還元は、「投信」や「ETF」と同じく、「分配金」といいます。リートの分配金は、通常、年に1回から2回受け取ることができます。

「リート」は、**利回り商品としての色合いが濃く、**短期売買による売却益（キャピタルゲイン）ではなく、**長期保有で利回り（インカムゲイン）を稼ぐための商品**と捉える方が正しいと思います。一般に株価が高い時は、「リート」の「投資口価格」は安くなり、株式市場が低迷すると反対に、「リート」市場が活性化するという傾向があります。

「J‐REIT」への投資をお考えならば、**不動産証券化協会（ARES）が運営する総合情報サイト「J-REIT.jp」**を閲覧することをお勧めします。

「初めてのJリート」や「マーケット概況」など、「リート」への投資に役立つコンテンツが揃っています。ぜひ、参考にしてみてください。

【第五章　応用編「ＥＴＦ」と「リート」にも挑戦しよう】

高配当リートの紹介

高配当リートといっても、株と同じように価格変動があります。**分配金の権利をもらえる日に近づくとリートの価格も上がる**ことが多いですし、**分配金の権利落ちのあとは価格は下がる**ので、分配金の利回り率といっても固定ではありません。

また、リートといってもオフィスビルを中心にしたものから、倉庫やホテルといった私たちがその家賃にピンとこないジャンルのリートもあります。リートを買って不労所得を手にする場合、そのリートはどのような不動産の運用をしているのかをチェックして、**ここ3年間くらいの分配金実績**は見ておきましょう。特に分配金実績は毎回同じくらいの額をしっかり配分しているのかを見ていかないと、安定した不労所得にはなりません。

例えば左ページの一番上のリートは、分配金実績では5・77%の利回りになっていますが、**業績は下降予想なので毎年同額が分配されるとは限らないことに注意**しましょう。

リート高配当利回りランキング例

	銘柄名（コード）	予想分配金利回り	価格（円）	分配金実績（円）前期／後期
1	マリモ地方創生リート投資法人（3470）	5.77%	122,900	3,713／3,374
2	投資法人みらい（3476）	5.37%	44,150	1,215／1,150
3	エスコンジャパンリート投資法人（2971）	5.34%	118,400	3,238／3,082
4	トーセイ・リート投資法人（3451）	5.32%	137,200	3,706／3,610
5	スターアジア不動産投資法人（3468）	5.29%	58,600	1,586／1,513
6	ザイマックス・リート投資法人（3488）	5.25%	119,700	3,166／3,115
6	東海道リート投資法人（2989）	5.25%	127,200	3,342／3,337
8	タカラレーベン不動産投資法人（3492）	5.20%	101,800	2,617／2,672
9	日本リート投資法人（3296）	5.00%	343,000	8,381／8,780
10	インヴィンシブル投資法人（8963）	4.97%	61,500	1,464／1,593

チャートを見ていると分配金の権利日の数か月前から上がりだす銘柄もあります。1年間ずっと持つ必要はありません。

【第五章　応用編「ETF」と「リート」にも挑戦しよう】

毎月分配金をもらえる仕組み作りの注意

本書では、「ETF」や「リート」について、短期売買で売却益（キャピタルゲイン）を狙うものではなく、**長期にホールドして「分配金」（インカムゲイン）を受け取り続けて不労所得を手にしよう**というスタンスに立っています。

「ETF」の場合、1年に何回「分配金」が得られるかは、その「ETF」の決算が年に何回行われるかにかかっています。

つまり、「決算」が1年に1回ならば、「分配金」を受け取れるのは、1年に1回です。**「毎月分配型」の「ETF」であるなら「決算」は1年に12回**ですから、「分配金」を月毎に受け取ることができます。

年1回、年2回、年4回、年6回、年12回といろいろあるのは不労所得向けといえます。

「リート」の場合、**多くのファンドは半年に1回「決算」を行っている**ため、投資家は年2

回、決められた月に「分配金」を受け取ることができます。

「株式」や「投信」、そして「ETF」「リート」では、「配当」や「分配金」をもらえるタイミングが異なっていますから、これらの商品を上手に組み合わせれば、毎月、毎月、自動的に不労所得が入ってくる仕組みを構築することができるわけです。

ただ、**今回の新NISAでは、毎月分配型の投資信託やETFは対象外**になっているため、この制度が利用できません。毎月分配型の商品は、資産形成を支援するための非課税制度というNISAには当てはまらないため対象外となっています。将来に向けての投資には、国は税金を取りません！　という趣旨なので、毎月のお小遣いを増やすところまでは面倒みてくれません。

でも、新NISAの対象でなくとも、毎月の小遣いを手にすることは可能ですから、税金はとられますが、**毎月分配のあなたオリジナルの不労所得システムを構築するのも、投資を楽しむポイント**になるはずです。決算月が異なるETFやリートの組み合わせを調べていくのは、結構面白い勉強になるでしょう。

コラム⑥ 大好きな邱永漢

かつて「お金の神様」と呼ばれていたのが、邱永漢（きゅう・えいかん）という方です。

台湾出身で、東大卒の直木賞作家。著書は数百冊にのぼり、私は邱氏のことが大好きで、人生の指針にしているほどです。「お金の神様」といわれるだけあって、お金関係の本は多く、株式投資、不動産投資、会社経営、そしてそれらの失敗談などジャンルは広いです。邱氏の著書は何度も読み返してますが、なぜ読み返しても面白いのかといえば、先を見るポイントやヒントを学びとることができるからです。

投資をする上で一番大切なのが、この「先を見る」という点だといつも思っています。それを教えてくれたのが邱永漢氏なのです。

いつかは会ってみたいと思っていましたが、すでに亡くなっています。そこでかわりに台北にある邱氏のビルや店舗を見に行きました。ここまでやるファンは少ないでしょうね。

邱氏のホームページへの投稿もよくしていました。『もしもしQさんQさんよ』というホームページで、読者の質問に邱氏が答える形式でした。私の質問は複数回取り上げてもらって、「あなたは材木屋だ」と邱氏に返答をもらっています。

「材木屋」とは「木が多い」＝「気が多い」というシャレです。私の投資先は様々だったので、色々なことに手を出しすぎているという意味です。邱氏の返答には「私なら1つにしぼります」と書いてありましたが、その時、「でも、先生も材木屋だな」と思ったことを覚えています。

第六章 夢の「FIRE」が最終目標

第6話 心のゆとりはお金がつくる

新NISAで投資に目覚めちゃった人
ずいぶん多くなったよね
そうだね「最終目標はFIREだ」とか
鼻息荒い人もいるしね
実は私もFIREが目標なんだ
仕事は好きだから
老後資金だけ確保して働く形の
FIREだけどね
いろんなFIREがあるんだね
そうらしいよ
私はダンナと先日ライフプランを
作ってみていろいろ話したよ
あなたは独身だからマイペース?

私だって具体的に作ってるわよ
おやおや、なんだか
やけにチカラが入っているわね
実はね、私、結婚するんだ
ほんとに!?
え!　結婚!?
それだけじゃなくてね、
子どもも今年生まれるのよ
おめでとう!
お互いFIRE目指して
投資街道まっしぐらね!!

【第六章　夢の「FIRE」が最終目標】

そもそも「FIRE」ってなんですか？

本書は、不労所得を手にして快適な生活を目指すことが目標ですが、うまくいけば資産も大きくなり、自由な人生を手にすることができるかもしれないので、憧れの生活**「FIRE《ファイア》」**のことにもふれていきましょう。

「FIRE」とは、「Financial Independence,Retire Early」の略語で、直訳すれば、「**経済的な独立と早期のリタイア（退職）**」という意味になります。

具体的にいえば、**「もう、お金に困らない」という環境を獲得して、普通より早いタイミングで退職する**という、アメリカから始まった新しいライフスタイルのことをいいます。

こういうと、「そんなの、事業を起こして大成功したり、宝くじで何億円ってお金をゲットした人じゃないと無理だろう？」とかいう反応が返ってきそうですね。

また、「そんなに働くのが嫌なのか？」「怠け者の考えだな」とか、いわれそうです。

「ＦＩＲＥ」でいう「リタイア」とは、必ずしも働くことを放棄したりすることではありません。「お金のため」「生活していくため」、**あくせくと働かざるを得ない日々の生活から脱却する**という意味があります。

「生きていくため」に本当は好きでもない仕事、ストレスだらけの職場であっても、働かざるを得ない状況から、「働くのが好きなら、働けばいい」「そうでなかったら、自由に好きなように日々を過ごせばいい」、そういう生活へ舵を切ることを意味しています。

そんな夢のようなライフスタイルを実現するために、最も必要なものは何でしょうか？

はい、「お金」ですね。

そのために必要な作業は、本書でご紹介したとおり、「高配当株」「投信」「ＥＴＦ」「リート」などの金融商品を上手に運用して、**「不労所得」を獲得し、それをコツコツと積み上げていくこと**です。これを実現するためには、現実的なプランが必要です。

「いつまでにＦＩＲＥするか」「ＦＩＲＥの時点でどれほどの資産が必要になるか」「その資産を確保するために毎月、いくらの投資額が必要なのか」「どんな金融商品に投資すればいいのか」、「ＦＩＲＥ」を達成するためには、**実現可能で具体的な資金の運用計画が必要**になってきます。これから、それを見ていきましょう。

【第六章　夢の「ＦＩＲＥ」が最終目標】

「ＦＩＲＥ」にも種類がある！

「ＦＩＲＥ」は、大きく三つに類別することができます。

①「フルＦＩＲＥ」

多額の資産を用意して、**完全に仕事をリタイアした状態**です。

「フルＦＩＲＥ」には、「Fat Fire」と「Lean Fire」の2種類があります。

「Fat Fire」とは、事業や投資で莫大な資産を築き上げ、仕事を完全リタイアして、その後の人生を裕福に暮らすという意味になります。「Lean Fire」の「Lean」は「痩せた」という意味で、築き上げた資産で仕事をせずに暮らすというのは「Fat Fire」と同じですが、「ミニマリスト」のように極端に少ない生活費で暮らす状態です。

②「サイドFIRE」

「正業」を続けながら「副業」で稼ぎ、投資で「不労所得」を得て、リタイアのための資産を形成します。「サイドFIRE」には、フルタイムの仕事を辞めて福利厚生のあるパートタイムで働く「バリスタFIRE」も含まれます。

③「コーストFIRE」

「コーストFIRE」の「コースト」とは、英語で「COAST」のことで、「海岸」ではなく、「**惰性で進む**」という意味になります。仕事を辞めることはできませんが、**生活に必要な支出部分だけ稼げばいいので、もうガツガツ働かなくてもいい**のです。リタイアのための貯金をこれ以上、続ける必要がない状態です。

人生において、「お金」も財産ですが、**「時間」も大切な財産**です。年齢を重ねていくと、この「時間という財産」の価値がとても高くなってきます。下手すると、「時間」は「お金」以上に貴重なものと思う人も多くいます。**価値ある時間を手にするために、不労所得の技を磨いていくのはすばらしい**と思います。

【第六章　夢の「FIRE」が最終目標】

「コーストFIRE」こそが現実的な選択

「ＦＩＲＥ」といえば、自分で事業を起こして大成功させ、若くして事業を他人に譲って早期リタイア。好きなタイミングでゆったり海外を旅したり、美女に囲まれ、毎日グルメを堪能し、時間に縛られない生活……、こんなイメージがありますよね。

これは「フルＦＩＲＥ」の中の「**Fat FIRE**」を指しますが、誰もが事業で成功できるわけではありませんし、第一、リタイア達成後、のんびりと遊び暮らして、人間、幸せなものでしょうか?

「フルＦＩＲＥ」を達成したある人物は、「楽しいのは最初の半月だけだった。１か月を過ぎるころから退屈を感じ始め、３か月を過ぎる頃には、『**自分は世間から脱落した落ちこぼれなのではないか?**』と思うようになった」と述懐しています。

一方、所有物を減らして、必要最低限のもので生活する「ミニマリスト」と呼ばれる人たちもいます。「ミニマリスト」たちは、生活費があまりかからないのですから、「FIRE」のための資金も準備期間も、ずっと少なくて済みます。

しかし、ほとんどの人たちにとっては、働かなくても済むとはいえ、まったく金銭的に余裕のない生活、つまり「Lean FIRE」は、**あまり魅力的ではありません**よね。

やはり、**「コーストFIRE」が現実的なやり方**になると思われます。

現実に私は50代に入った時点で「コーストFIRE」状態でした。当時は「FIRE」なんて言葉は知りませんでしたが、若い頃から将来の支出については目安を持っていましたので、投資で積み上げた資産計算をしては、もう無謀な仕事はしなくても充分やっていけると思っていました。

このときは心から「**心のゆとりはお金がつくる**」とはじめに書いた言葉を実感しました。「コーストFIRE」の長所は、老後に必要なお金はできたので、無理な節約やがまんから解放され、**仕事も無理ない状態でやればいい**というところです。極端な話、支出額に見合う稼ぎがあれば勤務日数は少なくてもいいのです。

私は仕事が好きなので続けていますが、働く日数は少なくしています。普通の会社員であっても、投資を学べば私のような暮らしをするのは可能だと思います。

【第六章　夢の「ＦＩＲＥ」が最終目標】

「目指そう！　４％での運用」でいいですか？

なぜ、「**４％**」なのか？

これは、１９９８年、米国トリニティ大学が発表した「トリニティスタディ」と呼ばれる研究成果によるものです。

簡単にいうと、「**資産を年率４％で運用する**」。そして、「**その４％分の運用益を生活費とする**」。そうすれば、「**資産が減ることはない**」ということです。

ここから、「資産の４％以内で生活をし続ける」ことが、「ＦＩＲＥ」の基本となります。

これを「**４％ルール**」と呼びます。

トリニティ大学が研究していた期間の、アメリカにおける証券市場の年間成長率は、平均７％でした。ならば、インデックスに連動した「投信」や「ＥＴＦ」で資産運用すれば、理論上、**資金は年間７％ずつ増えていくはず**ですね。

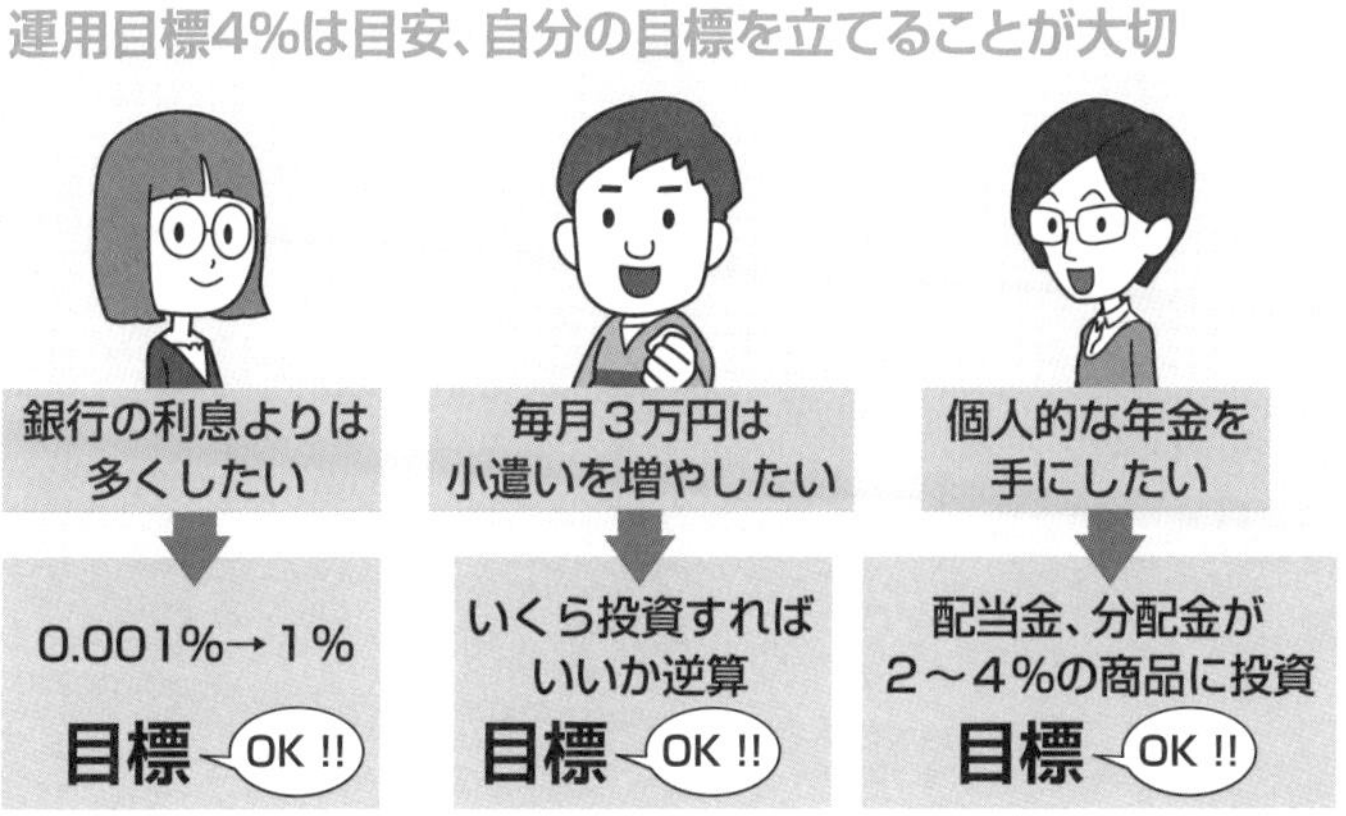
運用目標4%は目安、自分の目標を立てることが大切
銀行の利息よりは多くしたい
0.001%→1%
目標
OK !!
毎月3万円は小遣いを増やしたい
いくら投資すればいいか逆算
目標
OK !!
個人的な年金を手にしたい
配当金、分配金が2〜4%の商品に投資
目標
OK !!

一方、インフレによって物価が３％ずつ上昇していくとすれば、資産価値はその分、目減りします。そこで、アメリカの証券市場の成長率７％から、インフレ率３％を引いた「４％」という数字が、実質的な資金の成長率ということになります。

ただ、これを日本に当てはめると無理があるため、**あくまで目安の数字と考えてください**。

投資を大成功させ人生でＦＩＲＥできるのもいいですが、小さな努力を積み上げて、プチＦＩＲＥできたとしたら自分をほめてあげるのも立派なことだと思います。

投資において大切なことは、目標を持つことです。それも、投資という舞台から退場しないように無理のない自分のペースとルールを早く確立することが大切です。

【第六章　夢の「ＦＩＲＥ」が最終目標】

何歳までにＦＩＲＥしたいのか決める

「ＦＩＲＥ」ブームが巻き起こったアメリカでは、**40代でリタイアする目標を掲げる**書籍が多いみたいです。ですが、若ければそれだけ資金の蓄積も少なく、運用期間も短くなります。そのため、**よりハイリスクな自己資本の運用に走りがち**になり、資産を大きく損なってしまう危険性もそれだけ高いといえます。

感覚的には、**50代のできるだけ早いうちにリタイアしたい**、というのが現実的な「ＦＩＲＥ」ではないでしょうか。

55歳で「ＦＩＲＥ」するとしたら、どのくらいの資金が必要になるのか。現在の年齢によって用意する自己資金も、年間の積立額も、その運用手段も異なってきます。また、「独身の場合」「夫婦二人の場合」「夫婦と子供一人、ないし二人の場合」などの**家族構成によっても、当然、方法論は異なってくる**でしょう。

FIREに関する意識調査「FIREしたい理由」

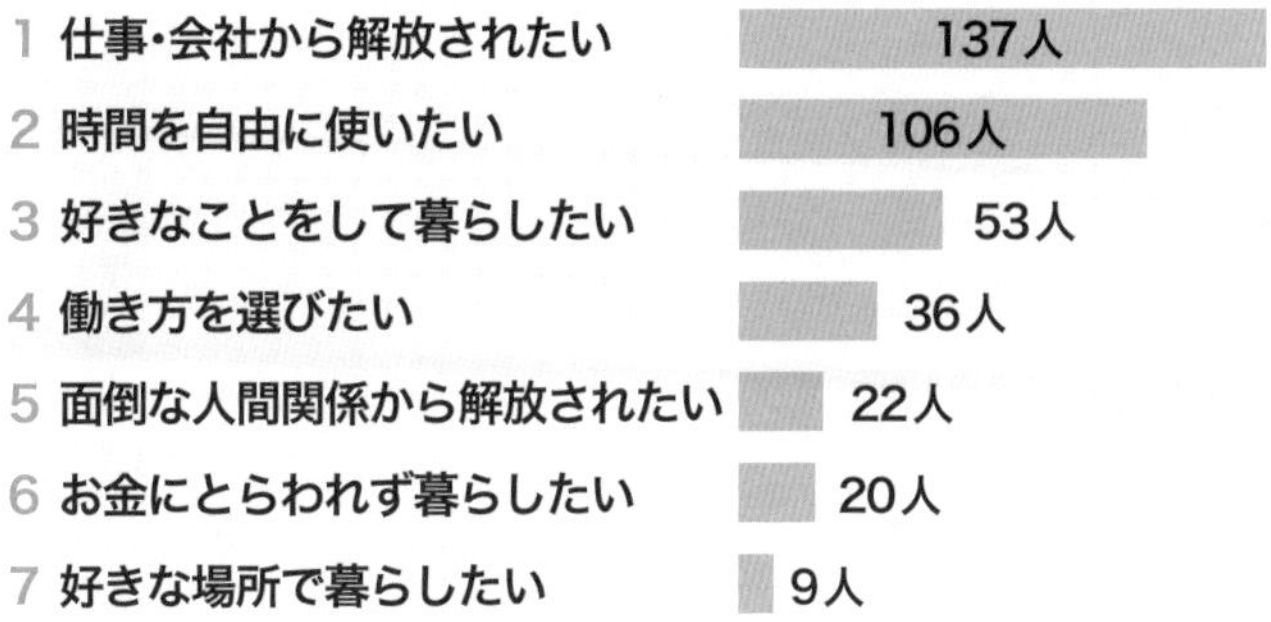

1	仕事・会社から解放されたい	137人
2	時間を自由に使いたい	106人
3	好きなことをして暮らしたい	53人
4	働き方を選びたい	36人
5	面倒な人間関係から解放されたい	22人
6	お金にとらわれず暮らしたい	20人
7	好きな場所で暮らしたい	9人

[出典] AlbaLink ビジネスパーソン男女 500 人を対象とした「FIRE に関する意識調査」より。複数回答、上位 7 位まで。

ライフプランを作ったことはありますか？

私は社会人になって40代までは、会社関係の方はもちろん、親しい友人にも投資の話や貯金の話はしませんでした。日本人はお金の話は親子であってもする機会は少ないですね。

世の中で「老後２０００万円問題」が生活の話題になってきたころから、仕事仲間でお金の話があがるようになり、ＦＩＲＥなどという言葉も飛び出し始めました。

ただ、**ライフプランを1年ごとに具体的金額で組み立てている**話は聞こえてきません。いくつまでにどのくらい資産を作るのか。どんな出費があるのか。その資産作りのためにどんな投資手法があるのか。**夢の達成のためには、アバウトな計画は見直さないといけない**と思います。

【第六章　夢の「ＦＩＲＥ」が最終目標】

家族で意識を共有し、具体的かつ柔軟な計画を

家族がいる場合、**「ＦＩＲＥ」に関する意識を共有する必要があります。**

夫婦二人で、お互いにパワーカップルの場合、ご主人が早期のリタイアを望んだとしても、奥様は**自分が築き上げてきたキャリアを失うことを嫌がる**かもしれません。

また、お子さんがいるなら、**教育資金のことも計画的に考えていかなければならない**でしょう。

日本政策金融公庫の「令和3年度教育費負担の実態調査結果」によれば、幼稚園から大学までオール公立学校に通ったとしても、教育費の総額は**約１０２６万円**になります。オール私立ならば、文系大学で**約２５２８万円**、理系大学で**約２６６０万円**になります。

マイホームを持つのか賃貸でいくかでも変わりますし、「転勤族」か否かでも選択肢は異なってきます。

細かいことですが、「早期リタイアのため、節約・倹約」といっても、それが過剰なストレスになっては、長続きはしませんよね。

生活のゆとりに費やす費用を削ってしまったら、人生に潤いがなくなってしまいます。**「将来のため、お互いにここまでは我慢しよう」**というリミットを決めて、それを守ることが「ＦＩＲＥ」実現への着実なステップになると思います。

私ごとで申し訳ありませんが、私は20代で結婚したときに、公的年金をもらう年齢になった時の自分の資産、不労所得を考えていました。

妻には結婚当初、**「定年後は君が家事をやらない生活を目指そう」**と話していました。東南アジアに移住して、ハウスキーパーさんに家事をまかそうと計画し、そのために何をしたらいいのか考えたのです。

当時は将来の公的年金額は明確ではありませんでしたが、先輩方の金額を参考にして、終身の個人年金を大きくかけ、好きな株式投資も勉強して計画を進めていきました。今の言葉でいえば、ＦＩＲＥの計画でした。

バブル崩壊も経験しているので順風満帆ではありませんでしたが、**家族での資産作りの具体的計画は絶対必要**だと思っています。

おわりに

最後まで目を通していただき感謝いたします。

株式投資だけでなくお金にまつわる実用書は、最後のページまでなかなかたどりつけないことが多いのではないでしょうか。私は可能なら1時間で読みおえる株式投資本をいつか作ってみたいし、それで投資に成功する方が多くなったらとても嬉しいと思っています。

この本は、1時間で習得するのは難しいとは思いますが、難しいと思ったところはすっ飛ばして、2～3ポイントが頭に残っていれば成功だと思います。投資もそうですが、読書も「無理なく」が基本だからです。

「不労所得」で、家族で温泉旅行しました。
「不労所得」で、好きなブランドの服を買っちゃいました。
「不労所得」で、人気店のおいしい寿司を食べてきました。

大金持ちでなくてもいいのです。
ちょっとだけでもいいのです。
少しだけ、いつもと違う素敵な時間を手にしてもらいたい。

「心のゆとりはお金が作る」

不労所得を手にする技術や知識を身につけて、人生のゆとりを手にしてください。
あなたが身の回りの方々の目標になっていただければ、さらに同じようにゆとりを持つ人が確実にふえていきます。私はそう信じています。

最後になりましたが、本書を執筆する機会を与えてくださった彩図社の権田一馬副編集長、構成者の小柳順治さんに感謝いたします。ありがとうございました。

矢久仁史

著者紹介

矢久仁史（やく・ひとし）

1962年東京都生まれ。大学卒業後、都内のメーカーに勤務し、現在営業企画部部長。お金の神様といわれた邱永漢氏（故人）の大ファンで株式投資歴は35年以上。投資対象は日本、中国、アメリカ、インド、タイ、ベトナムなどの現物株や投資信託、外貨、債券、仮想通貨、金銀白金、不動産、保険など幅広い。

旅行が好きで、大学時代は「野宿研究会」という大学のサークルに所属し、国内ではヒッチハイクと野宿で全国を周り、海外もさまざまな国をバックパッカーとなって放浪。現在でも年に4～5回は海外生活を楽しんでおり、趣味の旅行、ゴルフの費用はすべて株式投資の利益でまかなっている。現在、投資で築いた資産で海外と日本の3拠点生活を夫婦で行っている。

主な著書に『株で3億稼いだサラリーマンが息子に教えた投資術』（双葉社)、『資産をガッチリ増やす！ 超かんたん「スマホ」株式投資術』『資産をもっとガッチリ増やす！　超かんたん「スマホ」株式投資術【実践編】』（彩図社)、『人生100年時代！ 一番やさしい失敗しない投資入門』『アナログで管理するID＆パスワードノート』（河出書房新社)、『Tポイントで株式投資』（主婦の友社）がある。

構成：小柳順治
協力：菊池陽子
イラスト：なんばきび

知識ゼロでもお金が勝手に増えていく
「不労所得」生活

2024年3月19日　第1刷

著　者　矢久仁史

発行人　山田有司

発行所　株式会社　彩図社
東京都豊島区南大塚3-24-4
MTビル　〒170-0005
TEL：03-5985-8213　FAX：03-5985-8224

印刷所　シナノ印刷株式会社

URL https://www.saiz.co.jp　https://twitter.com/saiz_sha

　ISBN978-4-8013-0707-0 C0033